옮긴이 김정환

건국대학교 토목공학과를 졸업하고 일본외국어전문학교 일한통번역과를 수료했다. 21세기가 시작되던 해에 우연히 서점에서 발견한 책 한 권에 흥미를 느끼고 번역의 세계를 발을 들여, 현재 번역 에이전시 엔터스코리아 출판 기획 및 일본어 전문 번역가로 활동하고 있다.

경력이 쌓일수록 번역의 오묘함과 어려움을 느끼면서 항상 다음 책에서는 더 나은 번역, 자신에게 부끄럽지 않은 번역을 하려고 노력 중이다. 공대 출신의 번역가로서 공대의 특징인 논리성을 살리면서 번역에 필요한 문과의 감성을 접목하는 것이 목표다. 옮긴 책으로는 『리더의 길을 묻다』, 『일과 성공의 길을 묻다』, 『경영의 길을 묻다』, 『사장을 위한 MBA 필독서 50』, 『신의 멘탈』, 『손정의 제곱 법칙』, 『생각 망치』 등이 있다.

마쓰시타 고노스케
어떻게 살 것인가

일러두기

- 이 책은 저자의 대표 저작물인 『인생의 마음가짐 人生心得帖』(1984년)과 『사원의 마음가짐 社員心得帖』(1981년)을 합본한 원서 판본을 출간한 것이다.
- 이 책에서는 저자가 창립한 파나소닉(구舊 마쓰시타전기)의 각 그룹사와 그 밖의 기업명에 대해 원서의 초판 발간 당시 사명을 그대로 사용했으며, 시간을 나타내는 표현 또한 저자가 글을 쓴 시점상 표기를 그대로 반영하되 독자의 이해를 돕기 위해 일부 연대를 덧붙였다.
- 오늘날에는 적절하지 않을 수 있다고 생각되는 표현이 일부 존재하지만 당시의 시대 상황을 감안해 그대로 남긴 것도 있다. 양해 바란다.

JINSEI KOKOROE CHO / SHAIN KOKOROE CHO
By Konosuke MATSUSHITA
Copyright © 2014 by PHP Institute, Inc.
All rights reserved.
First original Japanese edition published by PHP Institute, Inc., Japan.
Korean translation rights arranged with PHP Institute, Inc.
through Danny Hong Agency

이 책의 한국어판 저작권은 대니홍에이전시를 통한 저작권사와의 독점 계약으로 ㈜북이십일에 있습니다. 저작권법에 의해 한국 내에서 보호를 받는 저작물이므로 무단전재와 복제를 금합니다.

마쓰시타 고노스케

어떻게 살 것인가

21세기북스

초심을 잊지 말라.
오늘은 어제의 되풀이요, 내일도 오늘의 되풀이이다. 자극도 없고
감동도 없는 권태를 느낄 때가 있다면, 뜻을 세웠던 그날의 기개와
열의를 다시 떠올려 보라.

- 마쓰시타 고노스케

이 책을 읽기 전에

마쓰시타 고노스케가 평생 펴낸 수많은 저서 중에서 『마쓰시타 고노스케 어떻게 살 것인가』, 『마쓰시타 고노스케 경영이란 무엇인가』는 살아가면서 누구나 지녀야 할 '마음가짐'에 대해 쓴 책으로, 특히 오랜 기간에 걸쳐 많은 독자에게 읽혀 왔다.

『마쓰시타 고노스케 어떻게 살 것인가』는 한 개인 또는 조직 속의 일개 구성원으로서 바람직한 모습에 관한 이야기이기에 만인이 받아들이기 쉬운 책이라고 말할 수 있을 것이다.

마쓰시타는 자신이 경영하는 마쓰시타전기(현재의 파나소닉)의 사원들에게 늘 다음과 같이 호소했다.

"직장은 인생의 도장道場이네. 그저 급여를 받으러 오는 곳도, 출세해서 높은 사람이 되기 위한 곳도 아닐세. 직장 내에서 한 명의 인간으로서 자신의 개성과 특색을 유감없이 발휘하는 것, 회사에서 일함으로써 둘도 없이 소중한 인생을 자신의 힘으로 더욱 충실하게 만들어 나가는 것이 가장 중요하다네."

이 책을 펴낸 이유가 바로 여기에 있다.

마쓰시타는 생전 사람들에게 '경영의 신'으로 불리며 기업 경영의 달인으로서 주목을 한 몸에 받았다. 그러나 마쓰시타가 평생에 걸쳐서 추구한 것은 오히려 '인간으로서의 성공'과 행복이었다고 말할 수 있다. 이것은 젊은 나이에 경영자가 되어 수많은 '사람'을 키우는 가운데 자연스럽게 형성된 철학으로 생각된다. 그리고 제2차세계대전이 끝난 뒤 초토화되어 황폐해진 환경에서 본래 가장 위대하고 행복하게 살아야 할 인간이 산과 들의 새나 짐승보다 더 고통스럽게 사는 모습을 목격한 뒤로는 한층 더 인간이란 무엇인가, 인생이란 무엇인가, 행복이란 무엇인가에 관해 깊이 사색하게 되었다.

마쓰시타는 세상을 떠날 때까지 일관되게 이 자세를 견지했다. 이 책을 시작하며 곧 만 90세를 맞이할 나이임에도 "아직 수업 중이다"라고 말한 것(14쪽)은 그런 자세를 단적으로 보여 준다.

그런 마쓰시타가 90년이라는 세월을 살면서 깨달은 '인생의 마음가짐'은 어떤 것일까? 또 "물건을 만들기 전에 사람을 만든다"라고까지 단언할 만큼 사원을 키우는 데 심혈을 기울였던 마쓰시타가 도달한 '사원으로서의 마음가짐'은 어떤 자세일까? 부디 이 책을 통해서 그 핵심에 다가서길 바란다.

PHP 연구소 경영이념연구본부

차례

이 책을 읽기 전에 5

1부
매일의 지혜를 되새기다

* 아흔을 앞두고 돌아본 인생의 태도에 대하여   14

인생의 항해술	16
내 의지가 운명에 광채를 더한다	21
갈고닦으면 빛이 나는 인간의 본질	26
인생에서 성공이란 무엇인가	30
타고난 재능을 발견하자	35
일단 신뢰한다	39
감사하는 마음을 잊지 말자	43
두려움을 안다	47
마음의 미묘함을 헤아리자	51
매일의 경험을 음미한다	55
장점도 단점도 특색의 일면이다	58
귀를 기울이되 휩쓸리지 않는다	62
일에는 운명이 작용한다	66

열과 성이 성패를 좌우한다	70
학문을 활용하되 얽매이지 말자	74
병과 친해진다	78
인간에게는 본래 고민이 없다	82
계속할 것, 참고 견딜 것	87
자기 객관화의 힘	91
쓸모없는 것은 없다	95
물건을 올리지 않는다	99
나이와 나이다움에 대하여	103
여성의 일을 고찰하다	107
부모의 길을 걷는다는 것	111
마지막까지 최선을 다해서 인생을 산다	115
삶의 보람이 중요한 이유	119
좋은 인생이란 무엇인가	124
천수를 다한다	128

2부

일에서 지혜를 되새기다

* 어떻게 일해야 하는가   136

제1장 · 회사에 첫발을 디딘 사람들에게

운명이라 각오하면 때로 힘이 된다	140
회사를 신뢰한다	144
성공의 비결	147
이해심이 없는 상사	151
회사의 역사를 안다	154
예의범절은 윤활유다	157
건강관리도 업무의 일환	160
적극적으로 제언하자	163
일의 맛을 안다	166
더 많은 가치를 만들고자 노력하자	169
회사는 공공의 것이다	172

제2장 · 리더가 된 사람들에게

내 일은 내가 경영한다는 태도	176
일하는 꿈을 꿀 만큼 자신이 하는 일을 사랑한다	179
지식에 얽매이지 않는다	182
작은 배려는 신뢰의 첫걸음	185
평소의 훈련이 중요하다	189
자기 향상은 의무이다	192

취미와 본업을 분명히 나누자	195
실력을 파는 것도 기술이다	198
질책을 받는 일에 숨은 의미	201
나의 일에 목숨을 건다	205
슬럼프는 초심으로 극복한다	208
회사는 단련과 수업의 장이다	211
협력의 정신이 발전을 부른다	214
윗사람에 대한 배려	218

제3장 · 경영의 무게를 짊어진 사람들에게

'부하의 잘못'일까?	222
"저의 책임입니다"	226
프로로서 실력을 키운다	229
사람을 키울 때의 핵심	232
부하를 방해하지 않는다	235
대립을 어떻게 방지할 것인가	238
실패했을 때 진가가 드러난다	242
화를 복으로 바꾼다	245
자기 능력에 솔직해져야 한다	249
큰일에 도움이 되는 사람이 되자	253
어떤 고민 속에도 삶의 경지가 있다	256
어떤 문제든 더 나은 방법이 있다	260
일을 좋아하는 사람만이 일의 참맛을 안다	263

저자 연보	268

1부

매일의 지혜를 되새기다

아흔을 앞두고 돌아본
인생의 태도에 대하여

만 90세를 앞둔 지금도, 아홉 살의 나이에 사환으로 일하기 위해 오사카로 떠나던 날, 배웅 나오신 어머니와 기노카와 역 플랫폼에 서 있었던 그날이 마치 어제의 일처럼 떠오른다.

그로부터 81년이라는 세월이 흘렀고, 많은 일이 있었다. 사람들에게 "많이 힘드셨겠네요"라는 말을 종종 듣는데, 이상하게도 그런 실감이 없다. 그저 그날그날 열심히 일에 몰두하며 살아왔을 뿐이다. 그렇게 여러 가지 일을 겪고 다양한 사람을 만나는 가운데 지금의 내가 되었다. 그렇게 생각하면 세상과 사람과 일이라는 것에 대해 진심으로 고마움을 느낀다.

지금까지 나는 인생을 살아오면서 생각하고 느낀 점을 그때그때 글로 쓰거나 이야기해 왔다. '매일의 지혜를 되새기다'에 담은 이야기는 그런 글과 이야기 중에서 인생과 관련한 내용을 새롭게 정리한 것이다.

인생은 심오하고 복잡하며 미묘하다. 그러니 아직 수업修業 중인 내가 인생에 관해서 이야기하는 것이 주제넘은 일이기는 하지만, 내 나름의 경험과 그 경험에 바탕을 둔 생각이 여러분이 더 나은 인생을 사는 데 조금이나 도움 되기를 바라는 마음에서 정리해 봤다. 책을 읽고 의견이나 감상을 들려준다면 행복할 것이다.

1984년 8월

마쓰시타 고노스케

인생의 항해술

―――

자연의 섭리를 따른다면 이루지 못할 일은 없다.
무엇에도 얽매이지 않는 순수한 마음으로
무엇이 섭리인지 판단하면서 행동하자.

―――

예부터 사람들은 인생을 종종 항해에 비유했다.

한없이 광활하고 시시각각으로 변화하는 큰 바다에서 배를 몰아 오로지 목적지를 향해 나아간다. 그 과정에는 파도가 잔잔해 평온하고 쾌적한 날도 있지만, 폭풍우 속에서 거칠어진 파도 위를 나뭇잎처럼 정신없이 흔들리며 나아가야 하는 날도 있다. 때로는 방향을 잃기도 하고, 심지어 난파해서 표류할 때도 있다. 그런 모습은 분명히 우리 인생과 일맥상통하는 측면이 있다.

오늘날에는 배를 타고 여행하는 것이 과거에 비해 상당히 안전하고 쾌적해졌다. 이것은 항해술의 진보와 선박의 개량 덕분일 것인데 이 항해술과 선박이 개선, 개량되는 과정에서 중시되어 온 것은 이른바 자연의 섭리를 어떻게 따라야 가장 안전할지가 아니었을까 싶다.

대양에서 항해할 때는 거대한 자연의 힘에 끊임없이 노출된다. 바람이 불면 파도가 치고, 파도가 치면 배는 흔들린다. 이것이 자연의 섭리로, 항해를 할 때는 이 자연의 섭리를 거스르지 않고 따라야만 한다. 파도가 치는데도 배가 흔들리지 않도록 똑바로 나아가려고 하면 큰 무리가 발생하기 때문에 매우 위험하다. 아니, 그렇게 자연의 섭리를 거스르려 한들 성공할 리가 없다.

그래서 항해술의 진보든 선박의 개량이든 기본적으로 어떻게 해야 자연의 섭리를 거스르지 않고 더욱 안전하게 항해할 수 있는지의 관점에서 이루어지고 있다고 보는데, 이것은 우리 인생 항로에서도 역시 중요한 일일 것이다.

그렇다면 인생에서 자연의 섭리를 따른다는 것은 어떤 일일까? 그것은 딱히 어려운 일이 아니다. 비가 내리면 우산을 쓴다는 식의 지극히 평범한 것, 이른바 만인의 상식을 따르는 일이라고 생각한다. 가령 병에 걸려서 열이 나면 무리하지 말고 잠시 쉰다. 누군가에게 신세를 졌다면 깍듯하게 고마움을 전한다. 장사를 한다면 좋은 상품을 만들어서 적절한 가격에 팔고, 판매한 대금은 확실히 회수한다. 팔리지 않을 때는 억지로 팔려고 하지 말고 잠시 쉬며, 다시 팔리게 되면 열심히 만든다. 이런 지극히 당연한 것들이 인생 항로에서 자연의 섭리이며, 이런 것들을 착실히 실천한다면 몸도 건강해지고 인간관계나 장사도 순조로워지지 않을까? 나는 본래 어떤 일이든 자연의 섭리를 따른다면 잘 풀리게 되어 있다고 생각한다.

그런데 우리는 종종 이 점을 망각하고 무엇인가에 얽매이다 벽에 부딪히는 일이 많다.

나폴레옹은 "내 사전에 불가능이라는 말은 없다"라는 말을 남겼는데, 관점에 따라서는 굉장히 불손한 말처럼 느껴지기도 한다. 아무리 불가능은 없다고 말한들 역시 인간의 힘으로는 어떻게 할 수 없는 것들이 있다. 나이를 먹는 것도 피할 수 없고, 죽음으로부터 벗어나지도 못한다. 그 말을 한 나폴레옹 본인조차도 만년에는 유배자의 몸이 되어 비운 속에서 눈을 감았다. 그러므로 불가능이 없다는 말은 인간의 주제를 파악하지 못한 오만한 말로 받아들일 수도 있을 것이다.

하지만 또 다른 관점에서 바라보면 이것은 역시 하나의 진리를 꿰뚫은 말이라고도 할 수 있지 않을까 싶다. 분명히 인간에게는 불가능한 것이 여러 가지 있다. 여기에서 불가능하다는 말의 의미는 이른바 자연의 섭리를 거스를 수는 없다는 뜻이다. 이를테면 인간은 반드시 나이를 먹는다. 이것은 자연의 섭리다. 그러므로 나이를 먹고 싶지 않다고 바란들 그것은 절대 이룰 수 없는 바람이다.

다만 반대로 말하면, 이는 자연의 섭리를 거스르지 않는 일은 전부 가능하다는 뜻일 것이다. 요컨대 우리 몸에 관한 것이든, 인간관계나 장사에 관한 것이든, 자연의 섭리를 따른다면 반드시 이룰 수 있다는 의미라고 생각한다. 그런 의미에서 나폴레옹이 한 말은 하나의 진리를 꿰뚫은 말이 아닐까 싶다. 다만 천하의 나폴레옹도 마지막에는 섭리를 거스르는 행동을 하다 자멸했던 것이다.

파도가 거친 인생 항로이기는 하지만, 평소부터 이 점을 염두에 두고 무엇에도 얽매이지 않는 순수한 마음으로 무엇이 자연의 섭리를 따르는 것인지 파악하면서 행동한다면 어떤 어려움에 부딪히더라도 자연스럽게 길이 열릴 것이다. 나는 그렇게 생각한다.

내 의지가
운명에 광채를 더한다

사람으로서 할 수 있는 일을 다 하고 하늘의 뜻을 기다리자.
어떤 자세로 살아가느냐에 따라서는
자신에게 주어진 운명을 더욱 잘 살리고 활용할 수 있다.

인생의 대부분은 이른바 운명이라고 부르는 것에 따라서 결정되는 것이 아닐까? 나 자신이 지금까지 걸어온 길을 되돌아보면 그런 생각을 금할 수가 없다.

가령 왜 내가 전기 기구 제조 판매라는 일을 시작했고 다행히도 이 방면에서 어느 정도 성공을 거둬 지금과 같은 모습이 될 수 있었는지 생각해 봐도, 애초에 이렇게 될 것이었다든지 이런 운명을 부여받았다고 밖에는 설명할 길이 없다.

세상에는 몸이 튼튼한 사람, 학문이 깊은 사람, 소질이나 재능을 타고난 사람 등, 뛰어난 사람이 참으로 많다. 그 한 가지, 한 가지에 대해서 나는 그 사람들에게 전혀 미치지 못한다. 그럼에도 오늘날 다소나마 사업에서 성공을 거둔 측면이 있다고 한다면 그것은 그렇게 될 운명을 부여받았다고밖에 생각할 길이 없다. 내 나름대로 매 순간 최선을 다해서 산 것은 사실이지만, 남들 이상으로 열심히 공부했다거나 특별한 노력을 했다고는 도저히 생각되지 않는다.

다만 지금 생각해 보면 이 말만큼은 할 수 있을지 모르겠다. 운명이라는 것을 내 나름대로, 혹은 무의식중에 긍정적인 방향으로 살리고자 노력했다는 것이다.

집이 가난했던 탓에 집을 떠나서 꼬마 사환이 되었지만, 그 덕분에 어릴 때부터 상인이 되는 데 필요한 소양을 교육받았고 세상의 혹독함도 조금이나마 맛볼 수 있었다. 평생에 걸쳐 몸이 약했던 까닭에 타인에게 일을 부탁하는 방법을 익혔다. 배움이 부족했던 까닭에 늘 타인에게 가르침을 구해야 했다. 몇 번인가 구사일생으로 목숨을 건진 경험을 통해 내가 강운을 타고났음을 믿을 수 있었다. 이런 식으로 내게 주어진 운명을 적극적으로 받아들이고 그것을 나도 모르는 사이에 긍정적인 방향으로 살려 왔기에 길이 열렸다고도 생각할 수 있다.

당연한 말이지만, 운명은 자신의 의지나 힘을 초월한 것이다. 애초에 우리가 인간으로 태어난 것 자체도 자신의 의지로 그렇게 된 것이 아니며, 남자로 태어날지, 여자로 태어날지, 혹은 지금의 나라가 아닌 다른 나라 사람으로 태어날지도 선택한 적이 없다. 어떤 재능, 소질을 갖고 태어날지도 이른바 하늘의 명령으로 결정되며, 자신은 어찌하지 못한다.

그렇다면 우리는 운명으로서 자신에게 주어진 것에 대해 할 수 있는 일이 아무것도 없을까? 나는 반드시 그렇지는 않다고 생각한다.

이것이 운명의 신비함 혹은 묘미라고 생각하는데, 어떻게 생각하고 행동하는지에 따라서 주어진 운명이 다른 형태로 모습을 드러내게 된다. "진인사대천명盡人事待天命"이라는 말이 있다. 사람으로서 할 수 있는 일을 다 하고 하늘의 뜻을 기다린다는 뜻인데, 어떻게 사느냐에 따라서 자신에게 주어진 운명을 더욱 잘 살리고 활용할 여지가 남아 있다는 말로도 생각할 수 있다. 이것은 수명이라든가 소질, 재능 등 인생의 모든 측면에 해당하는 이야기가 아닐까 싶은데, 나는 지금까지 인생을 살면서 나도 모르는 사이에 어느 정도는 내게 주어진 운명을 잘 살려 왔다고 말할 수 있을 것 같다.

그렇다면 사람에게 남겨진 여지는 어느 정도일까? 이것을 숫자로 표현하는 것이 적절한지는 모르겠지만, 지금까지 경험한 인간의 다양한 모습을 통해서 내 나름대로 추측해 보면 10퍼센트에서 20퍼센트 정도는 될 것 같다. 요컨대 사람으로서 이 10퍼센트에서 20퍼센트의 일을 어떻게 해내느냐에 따라 자신의 운명이 얼마나 찬란한 광채를 발할지가 결정된다는 말이다.

그렇다면 우리에게 중요한 일은 그 10퍼센트 혹은 20퍼센트의 범위에서 인간이 할 수 있는 최선을 다하는 것이 아닐까 싶다. 인생에는 어쩔 수 없는 측면이 분명 존재하지만, 이 범위에서 신념을 갖고 자신의 길을 힘차게 나아가고자 노력한다면 설령 큰 성공을 거두더라도 기고만장하지 않을 것이며, 실패하더라도 낙담하지 않을 것이다. 어디까지나 넓고 평탄한 길을 걷듯 처세의 길을 걸어갈 수 있지 않을까 생각한다.

갈고닦으면 빛이 나는
인간의 본질

인간은 다이아몬드 원석처럼
눈부시게 빛나는 본질을 지니고 있다.
그러나 이 뛰어난 본질도 갈고닦지 않는다면 발휘되지 않는다.

인간은 어떤 모습이어야 할까? 어떻게 살아야 할까? 그 바람직한 모습을 생각할 때 가장 기본이 되는 것은 '인간은 어떤 존재인가?'라는 인간에 대한 인식, 이른바 인간관이 아닐까 싶다. 인간이라는 존재를 어떻게 생각하느냐에 따라 삶을 살아가는 자세도, 타인을 대하는 방식도 달라진다고 생각한다.

인간이 무엇인지에 대해서는 학문적으로 종교적으로, 혹은 살아온 경험 등에 따라서 다양한 관점이 있는 듯하다. 지혜가 있는 동물이라든가, 사회적 존재라든가, 신성神性 혹은 불성佛性을 지닌 존재라든가, 반대로 방황하는 중생 혹은 욕망덩어리라든가, 강한 존재라든가, 약한 존재라든가…. 이처럼 다양한 견해가 있다.

이 견해들은 전부 인간의 한 가지 측면을 나타내는 것이라고 말할 수 있겠지만, 나는 언제부터인가 기본적으로 인간은 매우 위대하며 존귀한 존재라고 생각하게 되었다.

평생에 걸쳐 그다지 건강한 편이 아니었던 나는 독립해서 전기 기구 제조 사업을 시작한 뒤에도 툭하면 병에 걸려서 앓아누웠다가 회복하기를 반복하며 반 병자의 상태로 제2차세계대전 무렵까지 일해 왔다.

그렇다 보니 직접 선두에 서서 이것저것 해 보고 싶어도 좀처럼 그럴 수가 없었다. 그래서 기세가 넘치고 그 일에 적합한 부하 직원에게 일을 맡길 때가 많았다. 그것도 어중간하게 맡기는 것이 아니라 "중요한 것만 나와 의논하고, 나머지는 자네가 알아서 해 주게" 하고 전적으로 맡길 수밖에 없었다. 그랬더니 일을 맡은 사람은 '대장이 병으로 누워 있으니 일을 맡은 내가 정신 똑바로 차리고 해야 해'라며 크게 분발해 120퍼센트의 힘을 발휘해 줬다. 게다가 그렇게 의욕을 불태운 사람들이 자신의 힘을 유감없이 발휘하면서도 다른 사람들과 협력하며 하나의 목표를 향해 나아감으로써 1 더하기 1의 힘이 3 또는 4가 되어 조직으로서도 큰일을 해낸 적이 종종 있었다.

그런 경험을 하다 보니 인간은 위대한 존재이며 그 능력이나 가능성에는 한계가 없는 것이 아닌가 하고 생각하게 된 것이다.

나는 인간이, 비유하자면 다이아몬드 원석 같은 성질을 지니고 있다고 생각한다. 다이아몬드 원석은 본래 아름답게 빛나는 본질을 지니고 있지만, 갈고닦지 않으면 빛이 나지 않는다. 이 돌은 갈고닦으면 빛이 난다는 본질을 깨닫고 열심히 갈고닦을 때 비로소 아름다운 다이아몬드의 광채를 볼 수 있다.

인간도 이 다이아몬드 원석과 같다. 겉모습을 봐서는 눈부시게 빛날지 어떨지 알 수 없을 때도 있지만, 갈고닦으면 반드시 빛을 내는 본질을 저마다 지니고 있다. 요컨대 저마다 지혜나 힘 등 무한한 가능성을 숨기고 있다. 그 사실을 깨닫고 개개인이, 혹은 여럿이 협력해서 그 가능성을 갈고닦으면 인간이 본래 지닌 특질과 장점이 찬란한 빛을 발하기 시작한다. 그 결과로서 세상의 번영도, 평화도, 인간의 행복도 실현되는 것 아닐까.

그런데 우리는 의외로 이 인간의 위대함을 깨닫지 못하고 있다는 느낌을 받는다. 오히려 인간은 약한 존재라든지 신뢰할 수 없는 존재, 제멋대로이고 이기적이며 다툼을 좋아하는 존재라고 생각한다. 이것이 오늘날 일어나고 있는 수많은 혼란의 근본적인 요인 중 하나가 아닐까 싶기도 하다.

모두가 인간의 위대한 본질을 자각하고 자신감을 갖는 일이 중요할 것이다. 다이아몬드 원석을 갈고닦듯 인간 본래의 위대함이 드러나도록 그 본질을 갈고닦는 것이다. 그러면 인간이 본래 지닌 위대함이 꽃을 피울 것이며, 틀림없이 큰 성과를 올릴 수 있을 것이다.

인생에서
성공이란 무엇인가

자신에게 주어진 재능을 완전히 살린다.
여기에 나와 남 모두 만족할 수 있는
인간으로서의 올바른 삶의 자세가 있으며, 성공이 있다.

사람은 누구나 인생에서 성공하기를 바란다. 어릴 때부터 성공하는 것이 중요하다고 교육받기에, 어떻게든 성공해야 한다고 생각하는 사람이 많은 듯하다.

그런데 생각해 보면 이런 의문이 생긴다. 인생에서 성공한다는 것은 대체 어떤 것일까?

지금까지는 일반적으로 높은 사회적 지위나 명예를 얻은 사람, 혹은 재산을 많이 쌓은 사람이 성공한 사람으로 불리며 존경받아 왔다. 장사의 세계에서도 가게를 크게 발전시켜서 이익을 내 재산을 쌓고 명성을 얻는 일을 성공으로 생각해 왔다.

분명히 그런 것도 성공의 형태 중 하나일 테다. 하지만 나는 반드시 그런 것만이 성공은 아니며, 또 다른 성공의 형태도 있지 않을까 생각한다.

십인십색十人十色이라는 옛말이 있듯이, 사람은 저마다 다른 특색, 특질을 지니고 태어난다. 성격도, 소질이나 재능도, 나와 똑같은 사람은 지구상에 단 한 명도 없다. 그렇게 각기 다른 특색, 특질이 주어졌다는 것은 바꿔 말하면 사람은 저마다 다른 일을 하고 다른 삶을 살 운명을 부여받았다는 의미라고도 생각할 수 있다. 어떤 사람은 정치가로서의 재능 혹은 사명을 부여받았고, 또 어떤 사람은 학자로서의 재능 또는 사명을 부여받았다. 그 밖에도 의사, 기술자, 화가, 가수, 건축가, 상인 등, 다양한 일을 하기에 걸맞은 재능 또는 사명을 저마다 부여받았다고 느낀다.

나는 성공의 또 다른 형태란 하늘이 자신에게 부여한 재능을 완전히 살려서 사명을 수행하는 것이라고 생각한다. 그것이 인간으로서 올바른 삶의 자세이며, 성공이라고 부를 수 있는 것이 아닐까?

그러므로 성공의 형태는 사람마다 전부 다르다. 어떤 사람에게는 장관이 되어서 그 직무를 다하는 것이 성공이 되고, 또 어떤 사람에게는 양복점을 운영해 주위 사람들에게 기쁨을 주는 것이 성공이 된다. 요컨대 사회적인 지위나 명예, 재산이 아니라 하늘이 자신에게 부여한 재능 또는 사명을 따르느냐 따르지 않느냐, 최대한으로 살리느냐 살리지 못하느냐가 성공의 기준인 것이다.

사회적인 지위나 명예, 재산을 얻는 것만을 성공으로 여기면 반드시 그것을 손에 넣어야 한다는 생각에서 무리한 노력을 하게 되며, 그 결과 자신의 타고난 재능이나 특질을 올바르게 살리지 못할 뿐만 아니라 심지어 훼손하는 일도 적지 않을 것이다. 또한 사회적인 지위나 명예, 재산을 손에 넣지 못하면 크게 낙담하거나 열등감에 빠져서 살아갈 의욕을 잃어버릴지도 모른다.

아무리 노력한들 모두가 장관이 될 수는 없다. 모두가 사장이 되는 것도 불가능하다. 모두가 자산가가 되기도 어려울 것이다.

하지만 각자가 타고난 재능을 살리는 것은 마음먹기에 따라 모두가 할 수 있다고 생각한다. 게다가 그렇게 자신이 타고난 재능을 살리는 사람은 사회적인 지위나 재산이 있든 없든 나의 즐거움은 여기에 있다는 자신감과 자긍심을 품으며 활기차고 충실한 인생을 살 수 있을 것이다. 그런 사람이 많으면 우리의 공동생활도 더욱 풍요롭고 활력 넘치고 힘차게 발전하지 않을까?

요즘 들어서 "과거에 비해 생활이 풍요로워졌음에도 불평불만을 늘어놓거나 불안감에 시달리는 사람이 늘어났다"라는 이야기를 종종 듣는다. 나는 그 근본적인 요인 중 하나가 이 인간으로서의 성공이라는 관점과 관계가 있다는 생각을 떨쳐 낼 수 없다. 지위나 명예, 재산 같은 기준을 지나치게 중시한 나머지, 자신의 독자적인 재능을 살리며 사명을 다하는 일의 중요성을 망각하는 경향이 회사나 단체는 물론이고 학교에서도 적지 않게 보이는 듯하다. 그것이 불만이나 고민을 늘리는 결과로 이어진 것 아닐까?

모두가 자신이 타고난 재능을 살리는 것이 인생에서의 성공, 인간으로서의 성공이라고 생각하고 그것을 추구한다면 불만이나 고민 해소에 도움이 됨은 물론이요, 개개인의 삶의 기쁨도, 사회 전체의 발전과 번영도 더욱 커지리라는 것이 나의 생각이다. 여러분은 어떻게 생각하는가?

타고난 재능을 발견하자

내가 타고난 재능을 찾아내고 싶다. 먼저 이렇게 간절히 바란다.
그 마음을 잊지 않으면 자신이 타고난 재능을
일상생활 속에서 자연스럽게 발견할 수 있을 것이다.

자신에게 주어진 재능을 최대한으로 살리는 것이 인간으로서의 성공이라면, 이를 실현하기 위해서는 무엇보다 먼저 자신이 어떤 재능을 타고났는지 올바르게 파악해야 한다. 안 그러면 타고난 재능을 살리고 싶어도 살릴 방법이 없다.

다만 자신이 타고난 재능, 특질을 파악하는 것은 사실 상당히 어려운 일이다. 내가 생각건대, 타고난 재능이나 특질은 쉽게 발견할 수 없는 형태로 부여되는 듯하다. 상당히 불합리하게 느껴지기도 하지만, 사실은 오히려 이것이야말로 인생의 재미랄까, 말로 표현하기 어려운 오묘한 맛이 아닐까 싶다.

타고난 재능을 찾아내려 할 때는 먼저 이 점을 명심해야 한다. 그리고 다음 문제는 어떻게 타고난 재능을 찾아낼 것인가인데, 역시 자신이 타고난 재능을 찾아내고 싶다고 간절히 바라는 게 가장 우선일 것이다. 이 마음이 강하면 자신이 타고난 재능을 일상생활 속에서 자연스럽게 발견할 가능성이 커질 것이다.

살다 보면 자신이 이 방면에 적성이 있다는 마음의 소리가 들릴 때도 있다. 사소한 계기나 사건이 자신에게 생각지도 못한 재능이 있음을 가르쳐 줄 때도 있다. 혹은 주위에서 네게는 이런 타고난 재능이 있는 것 같다고 말해 줄 때도 있다. 평소에 자신이 타고난 재능을 알고 싶다고 간절히 바라고 있었다면 그럴 때 곧바로 깨달을 수 있다.

하지만 바람이 약하면 깨닫지 못한다. 다른 사람의 이야기도 한 귀로 듣고 한 귀로 흘려버려서, 모처럼의 조언도 무용지물이 되고 만다. 그러므로 역시 먼저 간절히 바라는 것이 무엇보다 중요하다.

또한 늘 순수한 마음을 갖는 것도 중요하다. 지금 말하는 순수한 마음이란 사심에 얽매이지 않고 사물을 있는 그대로 바라보며 올바른 판단을 할 수 있는 마음이라고 바꿔 말할 수 있다. 그런 순수한 마음이 없으면 자신을 과대평가하거나 타인의 조언을 자기 입맛에 맞게 곡해하기 쉬우며, 그 결과 엉뚱한 방향을 자신의 적성에 맞는 방향이라고 믿어 버릴 수 있다.

그런 이유에서 나는 자신에게 주어진 재능을 찾아내려면 간절한 바람과 순수한 마음, 이 두 가지를 늘 굳게 지니는 것이 중요하다고 생각한다.

그리고 이것은 조금 다른 관점의 이야기인데, 타고난 재능을 발견하도록 하려면 우리가 아이들에게 어릴 때부터 이런 견해와 사고방식을 가르치고 아울러 아이들이 자신이 타고난 재능을 쉽게 발견할 수 있는 환경과 분위기를 만들어 나가야 한다. 가정에서도 학교에서도 그런 분위기를 만들어 나가야 하며, 나아가 사회 전체가 타고난 재능 발견에 열의를 품고 타고난 재능을 발견하기 쉬운 환경과 분위기를 만들어 내야 한다.

그렇게 해서 모두가 자신이 타고난 재능을 찾아내고 그 재능을 발현하고자 노력할 때, 모든 사람이 성공하고 행복해지는 길이 열리지 않을까?

이처럼 한 사람 한 사람이 타고난 재능을 발휘해 무리하지 않고, 무익한 경쟁도 하지 않고 자신에게 주어진 역할을 다한다면 사회 전체가 유기적으로 돌아가게 되어 더 큰 번영의 길을 착실히 걸을 수 있게 되지 않을까 싶다.

일단 신뢰한다

인간은 신뢰받으면 그 신뢰에 부응코자 애쓰기 마련이다.
설령 믿었다 배신당하더라도 후회하지 않는다는 마음가짐으로
철저히 신뢰하자.

지금까지 다양한 사람과 함께 일하며 인연을 맺어 왔다. 그 결과 지금 이 시점에서 뼈저리게 느끼는 사실은 역시 인간은 크게 봤을 때 훌륭한 존재이며 신뢰하면 반드시 그 신뢰에 부응한다는 것이다. 또한 서로를 신뢰하면 서로의 생활에 물심양면에서 이익이 되며 인간관계도 더욱 원활해진다는 것이다.

내가 친족 두 명과 함께 전기 기구를 만들기 시작한 지 얼마 안 되었을 무렵, 이런 일이 있었다. 세 명만으로는 도

저히 소화할 수 없을 만큼 주문이 많아져서 먼저 네댓 사람에게 일을 부탁하기로 했다. 그런데 한 가지 문제가 있었다. 그때 만들었던 소켓 제품의 재료 중에 아스팔트, 석면, 돌가루 등을 섞어서 만드는 '반죽煉物'이 있었는데, 이 반죽 제조법을 가르쳐야 할지 고민이 되었던 것이다. 당시는 이 반죽이 고안된 지 얼마 안 된 시기여서 모든 공장이 제조법을 숨기고 있었다. 형제라든가 친척처럼 친족에게만 제조법을 알려 주고 그 사람들만으로 작업하는 것이 일반적이었다.

하지만 그때 나는 이렇게 생각했다. 만약 다른 공장처럼 제조법을 숨긴다면 친족들로만 작업해야 할 뿐만 아니라 그 작업장을 다른 직원들에게 보여 주지 말아야 하는데, 이것은 굉장히 번거로울뿐더러 효율도 나쁘다. 게다가 그런 문제를 떠나 내 공장에서 일하는 동료들을 그런 태도로 대해도 되는지 의문이 컸다. 그래서 결국 고용한 사람들에게도 적절히 제조법을 가르치고 제조를 담당하게 했다.

이 결정에 관해 한 동종업자가 "제조법이 외부로 유출

될 위험성이 있고, 경쟁자가 늘어날 수도 있네. 그건 우리에게도 자네에게도 손해가 되지 않을까?"라고 충고했다. 그 충고는 충고로서 고맙게 받아들였지만, 그것이 비밀스럽고 중요한 작업임을 이야기하면서 부탁한다면 무작정 배신할 사람은 없으리라는 것이 당시 내 생각이었다.

결국 어떻게 되었는가 하면, 다행히 제조법을 외부로 유출한 사람도 없었고 무엇보다 중요한 일을 맡은 직원들이 의욕적으로 일하게 되어 공장 전체의 분위기도 크게 밝아졌을 뿐만 아니라 일의 성과가 높아지는 바람직한 결과가 만들어졌다.

그 후에도 나는 최대한 직원들을 신뢰하며 과감하게 일을 맡겨 왔다. 가령 갓 20세를 넘긴 젊은 사원에게 가나자와 출장소를 개설하는 일을 맡긴 적도 있고, 적임이다 싶은 사람에게 제품의 개발을 맡기기도 했다. 그러면 다들 대체로 기대 이상의 성과를 올렸다.

이런 경험을 수없이 거듭하는 가운데 인간이 서로를 신뢰하는 일의 중요성을 몸으로 느끼게 된 것이다.

만약 함께 일하는 사람을 믿지 않았다면 어떻게 되었을

까? 틀림없이 일단 나부터가 정신적으로도 고통스러웠을 테며, 작업 측면에서 비효율적인 상황이 계속 발생했을 것이다.

분명히 인간의 마음속에는 애증이나 손익 관념 같은 다양한 욕망이 존재한다. 그래서 그런 것에 얽매인 눈으로 타인을 바라보면 내가 가진 것을 빼앗으려고 하지 않을까, 혹은 내 위치를 위태롭게 만들려 하지 않을까 하는 의심도 생겨날지 모른다. 하지만 그런 불신감은 불행하고 비효율적이며 비참한 모습만을 만들 뿐이다.

역시 일단 상대를 신뢰해야 한다. 신뢰했는데 배신당하거나 손해를 보는 일도 때로 있을 수 있다. 하지만 설령 그런 일을 겪더라도 믿었다가 배신당한들 후회는 없다는 생각으로 철저히 신뢰한다면 의외로 사람은 잘 배신하지 않는다. 자신을 믿어 주는 사람을 속이는 것은 인간의 양심이 허락하지 않기 때문이리라.

"인간은 신뢰할 가치가 있는 존재다". 나는 이렇게 말하고 싶다.

감사하는 마음을
잊지 말자

감사하는 마음을 잊지 말자.
감사하는 마음이 있을 때 비로소 사물을 소중히 여기는 마음도,
타인에 대한 겸손함도, 삶의 기쁨도 생겨난다.

꽤 오래전 일인데, 정신적으로 피곤하고 우울함에서 벗어나지 못한 채 하루하루를 보낸 적이 있다. 몸 상태가 조금 나빠진 것도 한 가지 원인이었을 것이다.

그러던 어느 날, 우연히 절친한 친구를 만나서 "요즘 들어 왠지 모르게 마음이 공허하고 자꾸 세상을 비관하게 된단 말이지. 대체 왜 이런 걸까?" 하고 물어봤다.

그러자 그 친구는 곧바로 "그건 자네가 우울증에 걸렸기 때문이지"라고 말했다. 우울증은 생각도 안 하고 있었

기에 깜짝 놀랐지만, 듣고 보니 어쩌면 그럴지도 모르겠다는 생각이 들었다.

그래서 "내가 우울증에 걸린 거라면, 대체 원인이 뭘까?"라고 다시 물으니, 친구는 "그건 간단해"라며 이런 말을 들려줬다.

"자네는 기쁨이라는 걸 몰라. 고마움을 모른다고. 내가 봤을 때 지금 자네는 굉장히 복 받은 상황인데, 딱히 그렇게 생각하지 않는 것 같네. 그뿐만이 아니야. 자네는 우리가 살아가는 데 없어서는 안 될 것, 예를 들면 공기 같은 것을 이렇게 충분히 얻고 있다는 사실조차도 고맙게 느끼지 않는 듯이 보이네. 그러니 그런 공허함에 빠지는 걸세. 만약 이 사실을 깨닫고 고마워하는 마음을 갖게 된다면 이 세상이 굉장히 즐겁게 느껴져서 다소 마음을 어지럽히는 문제가 일어나더라도 용기와 의연함을 잃지 않게 될 걸세."

나는 마음속으로 고개를 끄덕였다.

친구의 이야기를 듣고 다시 생각해 보니 분명 친구의 말대로였다. 내가 놓인 상황을 이따금 만족스럽게 느끼기는 했지만 그리 깊은 고마움을 느낀 적은 없었다.

또한 내가 이렇게 살아 있는 것은 충분한 공기가 있기 때문인데도, 그 덕분에 살아 있을 수 있다는 식으로 생각해 본 적이 없었다.

나는 생각했다. 회사에서 일하는 것이나 사명을 다하는 것은 분명히 내게 중요한 문제다. 하지만 단 5분이라도 공기가 사라진다면 나는 즉시 죽을 것이며, 그러면 회사도 나의 사명도 무의미해진다. 그토록 중요한 공기를 무한히 얻으며 살고 있는데, 그 사실에 각별한 고마움을 느끼기는커녕 눈앞의 문제에만 집착하고 속앓이를 하는 것은 올바른 모습이 아니다. 그것은 너무나도 속 좁고 그릇이 작은 모습이다.

이렇게 생각하자 지금의 고민은 딱히 고민거리도 안 된다는 생각이 들면서 다시 열심히 살아야겠다는 마음을 되찾을 수 있었다.

실제로 우리는 공기를 비롯해, 물, 태양 등 대자연에 한없는 은혜를 입고 있다. 또한 우리가 하루하루 살아갈 수 있는 것은 부모님이나 형제, 선배, 동료 같은 주위 사람들과 사물, 나아가 선조의 유산 같은 것들 덕분이다. 그러므로 그런 것에 감사하는 마음을 갖는 것은 인간으로서 당연한 일이며, 잊어서는 안 되는 태도라고 생각한다.

그런데 나도 그렇지만 인간은 이 사실을 종종 망각하는 경향이 있다. 생각해 보면 참으로 고마운 것임에도 이를 깨닫지 못한다. 그런 탓에 오히려 불평불만을 늘어놓아서 마음을 어둡게 만드는 일이 적지 않다. 결국 스스로 자신의 생활을 재미없고 우울한 것으로 만들어 버리는 것이다.

요즘은 감사하는 마음을 바쁜 현대에 어울리지 않는 구시대의 유물로 치부하는 경향도 없지 않다. 하지만 시대를 불문하고 감사하는 마음은 매우 중요하다.

감사하는 마음이 있을 때 비로소 사물을 소중히 여기려 하는 마음도, 겸손한 마음도 생겨난다. 또한 삶에 기쁨과 여유가 생겨, 타인을 대할 때 불필요한 대립이나 다툼이 줄어들 것이다.

불안이나 분노로 마음이 어두워졌다면 감사하는 마음을 잊지는 않았는지 스스로에게 묻자. 이것도 인생을 살아가는 중요한 마음가짐 중 하나라고 말할 수 있지 않을까?

두려움을 안다

'두려움을 모르는 것'만큼 위험한 일은 없다.
스스로 두려움을 추구해서 마음속에 품고,
그것을 느낄 때마다 삼가야 한다.

우리가 더 나은 인생을 살려면, '두려움'이라는 것을 느끼며 하루하루를 살아갈 필요도 있다.

이렇게 말하면 '겁쟁이나 두려움을 느끼는 것인데, 그래서는 아무것도 이룰 수 없지 않느냐?' 하고 생각하는 사람도 있을지 모르겠다.

하지만 여기에서 말하는 두려움은 겁쟁이가 느끼는 그런 두려움이 아니다. 겸손한 태도로 이어지는 더 적극적인 뜻에서의 두려움이다. 가까운 예를 들면, 아이는 부모나 선생님에게 일종의 두려움을 느낀다. 점원은 주인이 두렵고, 사원은 사장이 두렵다. 회사에서 가장 높은 위치에 있는 사장도 세상이 두렵다. 이처럼 사람에게는 저마다 두려운 존재가 있다.

또한 두려움의 대상은 타인만이 아니다. 자신이 두려울 때도 있다. 걸핏하면 태만해지는 자신의 마음이 두렵다. 타인에게 오만해지기 쉬운 자신의 성격이 두렵다. 무엇인가를 해야 하는데 용기를 내지 못하는 자신이, 신념이 없는 자신이 두려울 때도 있을 것이다.

이처럼 단순히 개한테 물리는 것이 무섭다는 식의 두려움과는 다른, 좀 더 정신적인 의미의 두려움을 항상 느끼는 것은 중요하다.

이렇게 생각하는 이유는 이렇다. 인간에게 두려움이라는 것이 전혀 없으면, 물론 자신의 뜻대로 행동할 수는 있겠지만 무의식중에 사고방식이 안일해지고 거만해져서 결국 자신을 망치게 되기 때문이다.

나치의 히틀러도 두려움을 몰랐던 탓에 힘을 과신하며 권력을 마음껏 휘둘렀고, 그 결과 멸망의 구렁텅이로 뛰어들게 된 것이리라. 그렇게 생각하면 '두려움을 모르는 것' 만큼 위험한 일은 없다고 느낀다.

그러므로 우리는 그런 넓은 의미의 두려움을 스스로 추구해서라도 항상 마음속에 품고, 그것을 느낄 때마다 삼가야 한다. 그렇게 하면 겸손함이랄까, 일종의 신중함이 자연스럽게 생겨난다. 또한 자기 행동을 반성하는 마음의 여유도 생기며, 자신이 걸어야 할 올바른 길이 무엇인지 적확하게 판단하기도 쉬워진다. 요컨대 그렇게 두려움을 알고 겸손한 태도를 잃지 않으면서 앞으로 나아가고자 노력할 때 비로소 진정한 실력도 키울 수 있을 것이다.

그리고 이것은 개인의 삶뿐만이 아니라 회사나 단체, 더 나아가서는 나라의 정치를 위임받은 정부도 마찬가지가 아닐까 싶다.

단체도, 한 나라의 정부도, 두려움을 모르면 반드시 자신의 힘을 과신하게 되어, 일을 진행할 때 폭력이나 권력에 의지하기 시작한다. 그 결과, 일시적으로는 권력을 휘두르겠지만 멀지 않은 미래에 자신의 발로 멸망의 길을 내달리게 된다. 실제로 그런 사례가 많지 않은가?

그러므로 개개인은 물론이고 여러 명이 조직이나 단체를 만들어서 집단으로 무엇인가를 할 때도 이른바 다수의 횡포 같은 모습을 보이지 않도록 충분히 유의해야 한다.

요즘 세상을 보고 있으면 '두려움을 모르는' 위험한 개인과 단체가 너무나도 많다는 생각을 금할 수가 없다.

마음의 미묘함을 헤아리자

사람의 마음은 논리로는 설명되지 않는다.
미묘하게 움직이는 사람의 마음을 알고 그에 맞춰서 말하고 행동해
풍요로운 인간관계를 쌓았으면 한다.

생각해 보면 사람의 마음이라는 것은 참으로 신기하다. '마음의 미묘함'이라는 말이 있는데, 사람은 지극히 사소한 일에 기분이 좋아지고, 슬퍼지고, 분노를 느끼고, 크게 부풀어 오르고, 쪼그라들어 버린다. 이처럼 미묘하게 움직이는 것이 사람의 마음이다. 그러므로 공동체 속에서 기분 좋게 생활하려면 서로가 이 점을 충분히 이해하고 타인의 기분을 생각하면서 행동하는 것이 매우 중요할 것이다.

예전에 이런 이야기를 들은 적이 있다. 메이지 정부가 출범한 뒤 처음으로 소득세라는 것이 제정되었을 때의 일이다(메이지 정부는 1868년에 발족했으며, 소득세는 1887년에 도입되었다-옮긴이).

당시 오사카 미나미(난바, 도톤보리, 신사이바시 주변의 번화가를 가리키는 명칭-옮긴이)의 소에몬 정에 도미타야라는 일류 찻집이 있었다. 어느 날, 오사카의 이름 높은 상공인이랄까 소위 부자들이 오사카 세무서의 초대로 도미타야에 모이게 되었다.

초대라고는 하지만 지금보다도 훨씬 권력이 강했던 관청에서 호출을 받은 것이었기에 객실에 모인 부자들은 대체 무슨 일로 부른 것인가 하는 불안을 느끼며 얌전하게 앉아 있었다. 이윽고 세무서장으로 보이는 인물이 들어왔다. 그런데 그 사람은 정면의 상석이 아니라 이른바 말석에 앉더니 "바쁘실 텐데 이렇게 여러분을 오시게 한 것은 다름이 아니라, 이번에 여러분께서 벌어들이신 수입에 따라서 소득세라는 것을 새로 징수하게 되었습니다. 그런 고로 잘 부탁드린다는 말씀을…" 하고 인사한 뒤에 식사를 대접했다는 이야기다.

별것 아닌 이야기이지만, 이 이야기를 들었을 때 나는 일종의 사람됨이라는 것을 느꼈다. 당시는 소위 관존민비官尊民卑의 풍조가 강했던 시기이므로, 새롭게 세금 제도를 만들었다 해도 통지문을 보내거나 관청으로 불러서 통보한들 누구도 불평하지 못했을 것이다. 그런데 그렇게 하지 않고 세무서장이 직접 정중하게 예를 다해 취지를 설명하고 협력을 구한 것이다. 나는 그 부분에서 마음의 미묘함을 헤아린 배려 같은 것을 느꼈고, 마음이 따뜻해졌다.

나는 이처럼 마음의 미묘함을 헤아리는 태도나 배려가 우리의 일상생활에서도 매우 중요하지 않은가 생각한다.

생각건대, 사람은 가령 타인에게 무엇인가를 부탁받았을 때 소위 '손득을 따지며 행동하는' 측면과 '손득만으로는 행동하지 않는' 측면을 모두 지니고 있다. 부탁하는 사람의 태도에서 어딘가 건방진 측면이나 고압적인 측면이 느껴지면 그것이 아무리 자신에게 이익이 된다 한들 거절하는 때도 있다. 반대로 설령 자신에게 부담이 크거나 손해가 되는 일이라도 부탁하는 사람의 태도가 매우 정중하고 성의가 가득하면 자신도 모르게 성의에 마음이 끌려 부탁을 받아들이기도 한다. 인간에게는 이처럼 논리로는 설명되지 않는 미묘한 마음의 움직임이 있다.

   그러므로 타인에게 무엇인가를 부탁할 때는 그런 두 엇갈리는 마음이 있음을 잘 알고 행동하는 것이 중요하며, 서로 그런 마음의 미묘함을 헤아리고 배려할 때 더욱 원만한 인간관계가 형성될 것이다.

   매일 얼마나 마음의 미묘함을 헤아리고, 그걸 의식하면서 행동하는지 이따금 되돌아보면 좋을 것이다.

매일의 경험을 음미한다

―――

큰 성공이나 큰 실패만이 인생의 경험이 아니다.
마음가짐에 따라서는 평온무사한 나날 속에서도
큰 경험을 쌓을 수 있다.

―――

"백문이 불여일견"이라는 말을 자주 듣는다. 무엇인가에 관해서 다른 사람에게 백 번 이야기를 듣기보다 자신의 눈으로 한 번 보는 편이 훨씬 잘 이해된다는 의미일 것이다. 분명히 옳은 말이라고 생각하지만, 세상에는 아무리 자신의 눈으로 직접 본들 쉽게 그 본질을 파악하지 못하는 것도 있다.

가령 소금을 보면 '아아, 소금이라는 것은 하얗고 이런 식으로 생겼구나'라고 알 수 있다. 하지만 아무리 머리로 생각하고 눈으로 본다 한들 소금이 짜다는 사실은 알 수 없을 것이다. 먼저 소금을 조금 집어서 핥아 본다. 머리로 생각하는 것이 아니라 직접 맛을 본다. 그래야 비로소 소금이라는 것을 알 수 있다. 세상에는 이처럼 경험을 해 봐야 비로소 사물의 본질을 파악하고 이해할 수 있는 것이 적지 않다. 말하자면 "백문백견이 불여일험不如一驗"인 경우도 있는 것이다.

선배나 연장자가 존중받는 이유 중 하나는, 오랜 시간 동안 쌓은 각종 경험을 통해서 자연스레 후배나 젊은 사람과는 다른 식견과 판단력을 보여 주기 때문일 것이다. 그런 뜻에서 아무리 나이를 먹었다 한들 경험을 거의 쌓지 않았다면 진정으로 나이를 먹었다고 말할 수 없다.

그렇다면 경험을 쌓는다는 것은 대체 무엇일까? 큰 성공이나 큰 실패 같은 특별한 체험을 말하는 것일까?

분명히 그런 경험은 귀중하며, 그 경험을 통해서 많은 배움을 얻을 수 있을 것이다. 하지만 그런 큰 경험, 특별한 경험만이 가치 있는 것은 결코 아니라고 생각한다. 별다른 일이 없는 평온무사한, 안정적인 나날 속에서도 마음가짐에 따라서는 충분한 경험을 쌓을 수 있으며, 오히려 어떤 의미에서는 그런 나날 속에서 쌓는 경험이 더 중요하지 않은가 싶다.

가령 우리가 하루하루 일하는 가운데 '이번 일은 잘 풀렸어'라는 생각이 드는 경우에도, 곰곰이 따져 보면 '이건 조금 과했는지도 모르겠어'라든가 '실패는 아니었지만 더 좋은 방법이 있지 않았을까?' 같이 되돌아볼 점들이 있을 것이다. 그런 지점을 스스로 반성하고 음미하면 그것은 그것대로 귀중한 경험이 된다. 이처럼 자신이 한 일 속에서 작은 성공과 작은 실패를 찾아내 음미한다면 언뜻 평온무사해 보이는 나날을 보내면서도 다양한 경험을 쌓을 수 있으며, 그 경험들이 전부 인생의 밑거름으로 활용될 것이다.

이와 같은 평온무사함 속의 작은 경험, 눈에 보이지 않는 경험은 말하자면 마음의 경험이라고도 부를 수 있을 것이다.

변화가 극심한 시대를 살고 있는 우리에게는 눈에 보이는 형태로 드러나는 성공이나 실패의 경험뿐만 아니라, 이런 마음의 경험을 매일 쌓는 것도 매우 중요하다.

장점도 단점도
특색의 일면이다

자신의 장점에 우쭐해서는 안 된다.
자신의 단점에 열등감을 느낄 필요도 없다.
장점도 단점도 하늘이 내려준 개성, 특색의 일면이다.

인간은 신이 아니다. 그러므로 소위 완전무결한 사람, 전지전능한 사람은 존재하지 않는다. 누구나 정도의 차이는 있을지언정 장점과 단점을 함께 지니고 있다. 그래서 사람은 때때로 자신의 장점을 자랑스럽게 여기며 우월감에 빠지기도 하고 단점을 한탄하며 열등감에 고뇌하기도 한다.

그런데 이 장점이라든가 단점이라는 것은 그것 때문에 심각하게 일희일비할 만큼 절대적인 것일까? 아무리 생각해 봐도 그렇지는 않은 것 같다. 일상생활을 하다 보면 장점이 오히려 단점이 되고 단점이 오히려 장점이 되는 경우도 종종 있기 때문이다.

오랫동안 사업을 경영하는 가운데 만났던 수많은 경영자를 봐도 그런 사례가 종종 있었다. 경영자 중에는 지식도 풍부하고 말솜씨도 좋으며 행동력도 왕성한, 말 그대로 '못하는 게 없는' 사람들이 있다. 그렇게 능력이 뛰어난 사람이 경영자라면 그 회사는 틀림없이 발전할 것 같은데, 실제로는 그렇지 않은 경우가 의외로 많다.

반대로 언뜻 봐서는 딱히 이렇다 할 장점도 없는, 지극히 평범해 보이는 경영자가 이끄는 회사가 크게 번창하는 모습도 종종 볼 수 있었다.

왜 그런 일이 일어나는지 매우 흥미로운데, 이것은 결국 경영자의 장점이 오히려 단점이 되고 단점이 오히려 장점이 되었기 때문이 아닐까 싶다.

뛰어난 지식과 수완을 지닌 사람은 무엇이든 알고 또 할 수 있는 까닭에 사업을 진행할 때 일일이 부하의 의견을 묻거나 의논하지 않는 경향이 있다. 부하가 기껏 제안을 해도 "그런 건 다 알고 있네"라며 무시해 버리는 경우조차 있다. 그 결과 부하들은 나서서 의견을 말하지 않게 되고, 그저 '지시를 받으면 그대로 따른다'라는 자세로 일하게 된다. 이래서는 개개인의 자주성도 발휘되지 못하고 지혜도 모이지 않기 때문에 회사가 힘차게 발전할 수 없다.

게다가 그런 경영자는 부하가 일을 너무 굼뜨게 하니, 내가 직접 하는 편이 더 빠르겠다고 생각해서 부하에게 일을 잘 맡기지 않는 경향이 있다. 설령 맡기더라도 사소한 것까지 일일이 참견한다.

이러면 부하는 일할 의욕을 잃어버리며, 훌륭한 인재로 성장하는 것을 크게 가로막는다. 그런 측면에서도 회사의 발전이 저해되는 것이다.

반면에 언뜻 평범해 보이는 경영자의 회사가 발전하는 이유는 이와 반대되는 모습을 보이기 때문일 것이다. 무엇이든지 혼자서 결정하거나 직접 처리하려 하지 않고 부하의 의견에 귀를 기울이고, 의논하며, 일을 맡긴다. 그 결과 모두의 의욕이 높아지고 지혜도 모여서 회사의 종합적인 힘이 커진다. 그는 이런 경영을 하고 있는 것이다.

또한, 이처럼 장점이 단점으로 작용하고 단점이 장점으

로 활용되는 것은 기업의 경영뿐만 아니라 우리의 일상생활에서도 종종 볼 수 있는 모습이 아닌가 싶다.

그래서 이런 점들을 생각했을 때 장점이나 단점에 너무 집착할 필요는 없다고 느끼는 것이다.

장점도 단점도 하늘이 개개인에게 내려준 개성, 특색의 일면이라고 생각할 수 있다. 그것은 우리 인간의 좁은 시야로 봤을 때는 장점 혹은 단점이며, 기뻐하거나 한탄할 대상일지도 모른다. 하지만 신처럼 넓은 시야로 보면 한 사람 한 사람의 생김새가 다른 것과 마찬가지로 옳고 그름 혹은 선과 악 이전의 것이 아닐까 싶다.

물론 자신에게 단점이 있다고 느끼고 열등감을 품는 것, 장점을 자각하고 우월감을 느끼는 것은 인간의 자연스러운 감정일 것이다. 또한 그런 관점에서 자신의 장점을 더욱 발전시키고 단점을 고치려고 노력하는 자세도 어떤 측면에서는 중요하다.

하지만 기본적으로는 장점과 단점에 너무 일희일비하지 않고 대범한 마음으로 자신의 특색 전체를 살리려 하는 마음가짐이 더욱 중요할 것이다.

귀를 기울이되
휩쓸리지 않는다

망설여질 때는 타인에게 의견을 구해 본다.
자신을 제대로 파악하고 솔직한 마음으로 귀를 기울인다.
확고한 인생의 발걸음은 여기에서 시작된다.

우리는 일상생활 속에서 여러 가지 망설임에 직면한다. 가령 일을 할 때도 자신이 이 일에 적성이 있을까 하는 기본적인 망설임에 빠지기도 하고, 새로운 일에 어떻게 대처해야 하느냐는 구체적인 고민도 하게 된다.

또한 젊은 사람이라면 장래의 진로나 결혼 문제가 고민의 씨앗이 되기도 할 것이다. 이처럼 크게는 일생을 좌우할 정도의 결단부터 작게는 일상의 작은 선택까지, 항상 어떻게 해야 할지 망설임에 빠지는 것이 인생이다.

그런 기로에 서서 어떤 판단을 해야 할지 망설여질 때, 그 망설임을 어떻게 해결해야 할까? 타인에게 의견을 구하는 것이 하나의 좋은 방법이다. 친구나 가족, 선생님이나 상사, 선배 등 자신을 잘 아는 사람에게 물어본다. 그러면 점차 구체적인 방향이 명확히 드러나는 경우가 많다.

나 또한 지금까지 알 수 없는 것이 있으면 최대한 타인의 의견을 구하려고 노력했다. 아내, 처남과 셋이서 문자그대로 가내수공업으로서 사업을 시작한 이래 오늘날까지, 가령 새로운 사업을 해야 할지 말아야 할지 결정해야 할 때도 혼자서 판단하기 어려운 경우가 종종 있었다. 그럴 때는 제삼자에게 사정을 설명한 뒤 "자네는 어떻게 생각하나?"라고 물어봤다.

그러면 "마쓰시타, 그 사업은 자네한테는 무리야"라든지, "지금의 자네라면 할 수 있네. 열심히 해 보게"라든지, 혹은 "지금은 시기가 좋지 않아" 같은 이야기를 해 준다. 이때 금방 수긍이 되면 그대로 따랐다. 하지만 왠지 수긍하기 어려울 때도 있는데, 그럴 때 다른 사람에게 의견을 구하면 또 다른 관점에서 의견을 말해 준다. 그런 의견을 참고하면서 내 나름대로 곰곰이 생각해 결론을 내곤 했다.

이것은 나의 경험일 뿐이지만, 어떤 경우든 의견을 구해 보면 의외로 많은 사람이 "마침 잘 물어봤네. 예전부터 자네를 보면서 내심 이렇게 하면 좋지 않을까 생각하고 있었거든" 하고 말해 준다. 그러니 주저하지 말고 과감하게 물어볼 것을 권한다.

다만 그때 잊지 말아야 할 점은, 어디까지나 자신을 제대로 파악한 상태에서 솔직한 마음으로 이야기를 들어야 한다는 것이다. 자신을 파악하고 있지 않으면 상대가 하는 말이 전부 옳게 느껴져서 의견을 들을 때마다 갈팡질팡할 수 있다. 또한 사심에 사로잡힌 솔직하지 않은 마음으로 이야기를 들으면 자신의 손득이나 체면 등을 신경 쓴 나머지 입맛에 맞는 의견만 찾게 될 수도 있다. 이래서는 타인의 의견을 듣는 의미가 없어진다.

타인에게 의견을 물을 때뿐만 아니라 책을 읽거나 텔레비전을 볼 때도 이런 자세가 중요하다. 사람은 저마다 다른 재능과 개성을 타고났기 때문에 어떤 한 가지 방식을 알고 그 방식대로 따라 해도 반드시 다른 사람과 똑같은 결과가 나오지 않는다. 그 사람에게는 그 사람의 방식이 있고 자신에게는 자신의 방식이 있는 법이기에, 먼저 자신의 생각과 성질을 올바르게 파악한 다음 타인의 방식을 참고해야 한다.

한 명의 지혜나 재능은 의지할 것이 못 되며, 그렇기에 망설여질 때는 물론이고 어떤 때든 적극적으로 타인의 지혜를 빌려야 한다. 절대로 자신의 껍질 속에 틀어박히거나 완고하게 굴어서는 안 된다. 또 타인의 의견에 휩쓸리기만 해서도 안 된다. 들어야 할 것은 듣고, 듣지 말아야 할 것은 듣지 않는다. 굉장히 어려운 일이지만, 그럴 수 있다면 더욱 확고한 발걸음으로 인생의 길을 걸을 수 있을 것이다.

일에는 운명이 작용한다

모든 일이 내 의지에 따른 것이라고 생각하면
무슨 일이 일어났을 때 동요하기 쉽다.
자신의 의지를 초월한 것에도 시선을 주면서 살아야 한다.

전등 제조사에서 일하던 22세의 나는 전기 기구(라고는 해도 오늘날 같은 텔레비전이나 세탁기 같은 것이 아니라 작은 소켓에 불과했지만)를 만들기로 결심하고 내 사업을 시작했다. 아주 보잘것없는 규모이기는 했지만 명백히 내 의지로 결정한 일이었다. 나 스스로 이렇게 하자고 결심하고 그 길을 선택한 것이다.

하지만 지금 되돌아보면 아무래도 그게 전부는 아니었다는 생각이 든다. 내가 결심한 것임에는 틀림없지만, 내가 그렇게 결심하도록 만든 무엇인가가 있었다는 뜻이다.

이를테면 당시의 사회 정세도 그중 하나일 것이다. 만약 내가 20~30년 정도 일찍 태어났더라면 전기 기구를 만들자는 생각은 하지 않았을 것이 분명하다. 또한 나의 건강 상태나 내가 놓여 있던 환경 등도 나의 결심과 선택에 큰 영향을 끼쳤다. 만약 내 몸이 건강하고 부모님도 모두 살아 계셨으며 두 형도 일찍 세상을 떠나지 않고 건강하게 살아 있었다면 내 선택은 또 달랐으리라는 생각도 든다. 그렇기에 단순히 내 의지만으로 전기 기구를 만들자고 결심한 것은 아니며, 역시 무엇인가 운명적인 힘이 작용했다고 생각할 수밖에 없다.

인간은 어떤 시대에 태어나든 그 시대에 맞춰서 행동하며 살 수 있는 존재다. 하지만 어떤 특정한 일을 하는 것은 역시 그 일을 하기에 적합한 시대에 태어났을 때 비로소 가능할 것이다. 인간은 자기 의지로 길을 찾을 수 있지만, 한편으로는 자기 의지가 아닌 어떤 거대한 힘에 의해 움직여지고 있기도 하다. 이것은 부정할 수 없는 사실이다. 나는 모두가 이 사실을 아는 것이 중요하며, 그럴 때 매우 강력한 것이 생겨나지 않을까 생각한다.

모든 일이 내 의지에 따른 것이라고 생각하면 무슨 일이 일어났을 때 아무래도 동요하기 쉽다. 하지만 더 거대한 힘이 나를 움직이고 있다고 생각하면, 오해를 살 수 있는 표현이지만, 포기하게 된다고나 할까, 일종의 안심감이 생겨난다. 동요하지 말고 현실을 순순히 따르자는 생각도 들 것이다.

물론 자신의 의지, 재량으로 옳고 그름을 판단하면서 일을 진행하는 것도 중요하다. 하지만 인간은 시간이 흐름에 따라 마음이 변하고 사물을 바라보는 시각이나 사고방식이 달라지는 일면이 있다. 그런 까닭에 자기 의지만으로 평생을 살려고 하면 망설임이 깊어지고 불안과 동요가 심해지는 상황이 종종 일어난다.

그러므로 자신의 의지로 걷는 것은 그것대로 중요하게 여기면서 그와 동등하게, 혹은 그 이상으로 좋은 의미에서의 포기, 혹은 체념을 하면서 주어진 환경에 몰입한다면 긴 인생에서 각종 문제에 직면해 곤란을 겪을 때도 크게 동요하지 않을 수 있을 것이다. 개별적인 문제에 관해서 고민하거나 고생하는 일은 있어도 크게 고민하거나 번민하다 결국 자기 존재를 부정해 버리는 일은 없을 것이다. 내가 60년 넘게 한길만 걸을 수 있었던 것도 어떤 측면에서는 이런 운명관과 관점을 가진 덕분이 아니었을까.

열과 성이 성패를 좌우한다

지식도 중요하고, 지혜도 중요하며, 재능도 중요하다.
하지만 무엇보다 중요한 것은 열의와 성의다.
이 두 가지가 있으면 무엇이든 이루어 낼 수 있다.

예전에 이런 이야기를 들은 적이 있다. 생명보험이라든가 화재보험 같은 보험을 권유하는 사람 중에서 계약을 제일 많이 성사시키는 사람과 제일 적게 성사시키는 사람의 계약 달성액의 차이는 100배가 넘는다는 것이었다.

이 이야기를 듣고 나는 꽤 놀랐다. 같은 보험회사에서 일하며 완전히 같은 조건의 '보험'이라는 상품을 팔고 있는데 왜 그렇게까지 차이가 나는 것일까? 그 원인으로는 여러 가지를 생각할 수 있다. 예를 들면 그 사람의 성격도 영향을 끼칠 것이고, 보험에 관한 지식의 풍부함이나 능숙한 말솜씨 등도 큰 원인 중 하나일 것이다.

하지만 곰곰이 생각해 보면 그것만으로 다른 사람의 100배나 되는 계약을 성사시킬 수 있으리라고는 도저히 생각할 수 없다. 내 나름의 경험에 비추어서 생각해 보면, 역시 일에 대한 그 사람의 마음에 근본적인 원인이 있지 않을까 싶다. 요컨대 얼마나 열심히, 그리고 성실히 일에 몰두하고 있느냐의 차이가 아닐까?

열심히, 그리고 성실히 일에 몰두하는 사람은 항상 '이렇게 해 보면 어떨까?'라든가 '다음에는 고객에게 이런 방법으로 이야기해 보자' 같은 식으로 효과적인 방법을 궁리한다. 또한 같은 설명을 하더라도 말투에서 예의와 함께 열의가 느껴지며, 기백이 넘친다.

물론 그 열의와 성의는 보험이 고객에게 도움이 되는 것이며 고객을 위해서 권한다는 강한 신념이 있기에 나오는 것이겠지만, 그런 태도가 고객의 마음에 가닿아서 '어차피 보험에 가입할 거라면 이 사람과 계약하자' 하고 생각하게 되는 것이 아닐까? 일에 대한 그런 태도가 하루하루

쌓인 결과 100배가 넘는 계약 달성액의 차이로 나타나는 것이 아닐까?

나도 지금까지 열의와 성의의 소중함을 통감하고 그 점에서 내게 부족한 부분은 없는지 끊임없이 자문해 왔다. 그리고 실제로 이렇게 일하고 싶다, 직원들과 함께 이런 회사를 만들어 나가고 싶다는 경영에 대한 열의와 성의만큼은 누구에게도 지지 않을 만큼 강하다고 생각한다. 그렇기에 배움도 부족하고 몸도 약하며 이렇다 할 장점도 없는 내가 나보다 뛰어난 지식과 재능을 갖춘 부하 직원들에게 일을 맡겨서 성과를 낼 수 있었던 것이리라. 그래서 나는 자주 이렇게 말하곤 한다.

"사장이라면 열의와 성의만큼은 그 회사에서 최고여야 한다. 사장에게 열의와 성의가 있으면 사원들도 그것을 느껴서 지식이 있는 자는 지식, 기술이 있는 자는 기술 등 저마다 자신이 가진 것을 제공하며 일해 준다."

이것은 책임자의 위치에 있는 사람에게만 해당하는 이야기가 아니다. 또한 직장에서만 통하는 이야기도 아니다. 인생의 어떤 장소에서든, 그 어떤 사람이든, 열의와 성의가 있느냐 없느냐는 무엇인가를 이루려 할 때 성패를 결정하는 가장 중요한 열쇠라는 것이 나의 생각이다. 극단적으로 말해, 말을 못하는 사람도 열의와 성의가 강하다면 필담을 하거나 손짓발짓을 섞는 등 어떻게든 방법을 궁리해 일을 이루려 할 것이다. 또 그런 태도는 사람들을 감동시키고 공감을 불러내, 반드시 협력자가 나타나게 한다. 일이란 그렇게 해서 이루어 가는 것이 아닐까?

학문을 활용하되
얽매이지 말자

인간에게 학문은 어디까지나 도구일 뿐이다.
그것을 사용하는 자신의 주체성을 자각하고,
학문에 얽매이거나 휘둘리는 일이 없도록 하자.

나는 이른바 학문다운 학문은 사실상 전혀 배워 본 적 없이 성장했다. 만 9세, 그러니까 초등학교 4학년 때 오사카의 상점에서 사환으로 일하기 시작했기 때문에 초등학교도 도중에 그만뒀다. 물론 내가 학교를 다니기 싫어서 그만둔 것은 아니다. 오히려 학교에 다니고 싶은 마음은 그 누구보다 강했다.

내가 사환으로 일했던 가게 맞은편 집에 나와 같은 또래의 아이가 있었다. 매일 아침 가게를 청소하고 있을 때면 교복을 입은 그 아이가 "다녀오겠습니다" 하며 집을 나섰는데, 그 모습을 너무나도 부러운 심정으로 바라본 기억이 지금도 생생하다. 가능하다면, 그 아이처럼 나도 학교에 다니고 싶었다. 다만 집안 사정상 그럴 수 없었다.

하지만 나중에 생각해 보니 그렇게 학문을 배우고 싶었지만, 그러지 못한 것이 오히려 내게 도움이 된 것도 같다.

독립해서 사업을 시작한 뒤로 점점 많은 사람을 사원으로 두게 되었는데, 그때 그 사원들이 다들 전부 나보다 대단한 사람으로 느껴진 것이다. 나는 학문을 익히지 못해서 아는 것이 거의 없다. 반면에 회사에서 사원으로 있는 사람들은 다들 학교를 나와서 학문이 있고, 이런저런 지식을 갖추고 있다. 그렇다 보니 그런 사원들이 나보다 대단한 사람으로 보여서 존경하게 되는 것은 당연한 일이었다.

그런 까닭에 자연스레 사원들의 의견에 귀를 기울이게 되었다. 그러자 사원들도 나의 그런 자세에 보답해 각자가 지닌 뛰어난 지혜와 힘을 발휘해 줬고, 그렇게 해서 나 혼자만의 힘이 아니라 모두의 힘을 모으는 이른바 중지 경영이라는 것이 탄생했다. 이것이 회사를 착실히 발전시킨 커다란 요인 중 하나였다.

다만 그렇다고는 해도 학문이 우리에게 불필요한가 하면, 그건 당연히 아니다. 학문이 중요하다는 것은 새삼 이야기할 필요도 없다. 지금까지 수많은 선인이 다양한 학문에 힘써 준 덕분에 인간 사회가 지금처럼 진보하고 발전할 수 있었으며, 앞으로도 학문의 필요성은 더더욱 높아질 것이다.

하지만 그 필요성이 높아질수록 학문에 얽매이지 않는 태도가 한층 중요해지지 않을까 생각한다. 학문이 중요하다고 해서 이에 얽매여 학문 없이는 아무것도 할 수 없다고 생각하는 것 역시 바람직하지 않기 때문이다. 물론 학문이 있다면 더할 나위가 없지만, 없어도 상관없다. 없어도 그 나름대로 살아갈 길은 있다. 이런 유연한 사고방식이 중요하지 않을까?

요즘 세상을 보면 이런 점이 잊히고 있다는 생각을 금할 수가 없다. 학문에 얽매여 그것에 휘둘리는 모습이 적지 않다.

학문이라든가 그것을 통해서 얻는 지식은 어디까지나

우리가 살아가기 위한 도구에 불과하다. 이것을 적절히 사용한다면 매우 효과적이지만, 잘못 사용하면 커다란 폐해가 발생한다. 경우에 따라서는 학문이 있는 탓에 오히려 신세를 망치는 일도 일어난다.

그러므로 우리는 학문과 지식이 도구임을 인식하고 여기에 사로잡히지 않으면서 올바르게 활용해야 한다. 그러려면 자신이 그 도구를 활용할 수 있을 만큼 성장해야 하는데, 이 부분이 충분치 않다는 느낌을 받는다.

오늘날에는 고학력화가 진행되어 많은 사람이 상급 학교에 진학하게 된 만큼, 필요 이상으로 학문에 얽매이지 않는 것의 중요성, 학문을 올바르게 활용하는 것의 중요성을 잊지 말아야 할 것이다.

병과 친해진다

병이 두려워서 멀리 떼어 놓으려 하면 병은 뒤에서 쫓아온다.
하지만 병과 친해지려 하고 적극적으로 다가가면
병은 멀리 도망친다.

건강. 이것은 일을 할 때는 물론이고 무엇을 할 때든 매우 중요한 것, 그 무엇과도 바꿀 수 없으며 모두가 갖기를 염원하는 보물이라고 말할 수 있다. 하지만 좀처럼 생각대로 되지 않는 곳이 세상이다. 현실에서는 건강을 해쳐서 병상에 눕는 사람이 적지 않다.

그런 사람들에게 나는 내 나름의 경험에서 다음과 같은 이야기를 해 주고 싶다. "불안하더라도 병으로부터 도망치지 마십시오. 병이 두려워서 멀리 떼어 놓으려 하면 병은 당신의 뒤를 쫓아옵니다. 반대로 병을 음미하고 병과 친해지려고 하면 결국은 병이 당신에게 졸업장을 줄 것입니다"라는 것이다. 이런 말을 하는 이유는, 내가 다행히 90세가 된 지금까지 어찌어찌 살 수 있었던 것도 어떤 측면에서는 그런 마음가짐으로 살아온 덕분이라고 생각하기 때문이다.

20세 전후였을 무렵, 나는 전등 회사에서 일하고 있었다. 그 시절의 어느 여름에 해수욕장에서 돌아오다 별생각 없이 가래를 뱉었는데 가래 속에 피가 섞여 있었다. 그래서 즉시 병원을 찾아가 진찰을 받으니, 의사 선생님이 "당신, 폐첨 카타르(폐 상부 끝부분의 결핵증. 폐결핵의 초기 병변—옮긴이)구먼. 반년 정도 회사를 쉬고 고향으로 돌아가서 푹 쉬시게"라고 말씀하셨다. 하지만 당시는 이미 부모님이 안 계실 때였고, 돌아갈 고향집도 없었다. 또한 급여는 일급으로 받는데다가 지금처럼 보험제도가 있었던 것도 아니라서 회사를 쉬었다가는 당장 먹고살기도 어려운 상황이었다.

그래서 이렇게 된 이상 어쩔 수 없다, 병에 걸린 것도 내게 주어진 운명이다. 이렇게 마음먹고 가능한 범위에서 몸조심을 하자고 생각했다. 그리고 사흘을 일하면 하루를 쉬고, 일주일을 출근하면 이틀은 집에서 쉬는 생활을 계속했다.

그런데, 그래서 병이 진행되었는가 하면 그 이상 악화되지는 않았다. 의사 선생님이 충분히 쉬지 않으면 죽을 수도 있다고 말씀하실 정도의 병이었음에도 신기하게 진행이 딱 멈춰 버렸다. 그리고 이후에도 병은 일진일퇴를 거듭하다, 제2차세계대전이 끝난 뒤로는 어찌 된 일인지 젊었을 때보다도 건강해져 오늘날까지 무탈하게 살아왔다.

어떻게 된 일일까? 이것은 역시 병에 걸렸을 때 '이것이 운명이라면 어쩔 수 없지. 받아들이고 감수하자'라고 마음먹은 것이 유효하지 않았나 생각한다. 운명이라면 거스르려고 애쓰지 말고 오히려 하늘이 준 시련으로 받아들이며 적극적으로 병과 친해지고 사이좋게 지내자. 이렇게 생각하며 노력한 것이 좋은 결과를 낳은 한 요인이 아닐까 싶다.

물론 건강한 것이 최선이기는 하지만, 생각해 보면 병에 걸렸다고 해서 반드시 불행해지는 것은 아니다. 세상에는 병에 걸림으로써 사람의 마음을 더욱 잘 알 수 있게 되어 전보다 더 행복해지는 경우도 있고, 반대로 자신의 건강을 과신하다 불행해지는 경우도 있다.

그러므로 병에 걸렸을 때는 무작정 불행한 일, 슬픈 일이라며 평정심을 잃지 말고 오히려 좋은 수련의 기회가 주어졌다, 병에 걸려서 잘되었다, 병아 고맙다 같은 식으로 대범하게 생각하면서 적극적으로 병과 친해지는 것이 중요하지 않을까 싶다. 또한 그것이 병을 고치는 지름길이기도 하다는 생각이 든다. 이것은 어디까지나 내 나름의 방식이기에 다른 사람에게도 통할지는 알 수 없지만, 병에 걸렸을 때 대처법 중 하나로서 참고했으면 한다.

인간에게는 본래 고민이 없다

인간에게는 본래 고민이 없다.
만약 고민이 있다면 그것은 자신이 얽매인 시각으로
사물을 바라보고 있기 때문이다.

우리 모두는 어떤 고민을 끌어안은 채 하루하루를 살고 있다고 해도 과언이 아닐 것이다. 몸이 약하다든가, 실연했다든가, 인간관계가 원만하지 않다든가, 일을 하다 큰 실수를 저질렀다든가…. 사람마다 다양한 고민이 있으며, 그 고민 때문에 밤에도 잠을 이루지 못하는 경우 또한 적지 않을 것이다. 개중에는 그런 고민이 심해져서 인생에 절망한 나머지 스스로 목숨을 끊는 불행한 모습도 종종 보인다. 이런 불행한 결과로 이어지는 고민은 대체 왜 생겨

나는 것일까?

물론 각각의 고민마다 틀림없이 나름의 사정이 있을 것이다. 하지만 전체적으로 바라보면 그런 고민은 사물의 일면만을 보고 그것에 얽매인 결과 생겨나는 경우가 많지 않나 싶다.

나도 굳이 따지자면 예민한 편이어서 지금까지 이런저런 일로 수없이 고민해 왔다. 아니, 매일이 고민과 불안의 연속이었다. 걸핏하면 다른 사람들을 보면서 마음이 흔들렸고, '내가 제대로 일하고 있는 게 맞을까?' 하며 자신감을 잃어버렸다. 또 불안감에 사로잡혔다. 지금까지 그런 하루하루를 살아온 것이 사실이지만, 고민에 빠졌을 때의 상황을 나중에 되돌아보면 역시 어떤 편중된 관점과 사고방식에 사로잡혀 있었던 경우가 많았다. 다만, 그렇게 매일 불안을 느끼기는 했어도 시종일관 불안감에 빠져 있지는 않았다. 만약 시종일관 불안감 속에서 살았다면 정신적으로나 육체적으로나 피폐해져서 지금의 내가 되지 못했을 것이다.

대신 어떻게 했는가 하면, 그 얽매인 관점으로부터 벗어나 다른 관점에서 생각함으로써 불안과 동요를 극복하려고 노력했다. 그 일례로, 내가 사람을 50명 정도 쓰게 되었을 무렵에 이런 일이 있었다.

다들 열심히 일하는 와중에 조금 나쁜 짓을 하는 사람이 한 명 있었다. 나는 회사에 그런 사람이 있다는 데 당혹감을 느끼고 그만두게 할지 말지 고민이 되어서 밤에 잠을 이루지 못했다.

그런데 이런저런 생각을 하는 사이에 문득 이런 생각이 떠올랐다. 지금 이 나라에 나쁜 짓을 하는 사람이 몇 명이나 있을까 하는 생각이었다. 법을 어겨서 교도소에 들어간 사람이 가령 10만 명이라면, 교도소에 들어갈 정도는 아닌 가벼운 죄를 저지른 사람은 아마도 그 대여섯 배는 될 것이다. 하지만 그런 사람들을 딱히 추방하거나 하지는 않는다. 당시는 제2차세계대전이 시작되기 전이었기에 덴노가 신과 같은 존재였는데, 그런 신과 같은 덴노도 나쁜 짓을 하는 사람을 완전히 없애지는 못했다. 게다가 너무나도 나쁜 짓을 한 사람은 교도소에 가둬서 격리하지만, 그 정도는 아닌 사람은 용서하고 국내에 머물게 하고 있다. 그것이 이 나라의 현실이다. 그렇다면 그런 곳에서 살면서 일하는 내가 좋은 사람만을 고용하겠다는 것은 너무 얌체 같은 생각이다. 신과 같은 존재도 하지 못한 일을 마을 공장의 주인에 불과한 내가 해내려고 생각해서는 안 된다. 이렇게 생각하자 고민으로 복잡했던 머리가 상쾌해졌고, 그 사람을 받아들일 마음이 생겼다. 그리고 이후로는 그런 발상에서 대담하게 사람을 쓸 수 있게 되었다.

나는 지금까지 이런 경험을 수없이 했다. 내 경우는 하루하루의 고민이나 불안, 동요를 계기로 사물을 다른 관점에서 다시 생각해 보게 되었고, 그것이 오히려 나중에 긍정적인 결과를 가져다준 적이 많았다.

생각해 보면 오늘날처럼 정신없이 변화하는 환경 속에서 끊임없이 새로운 사태에 직면하는 가운데 아무런 고민도 불안도 느끼지 않기란 불가능할 것이다. 이것저것 고민하는 것이 인간 본래의 모습일 테다. 하지만 그렇다고 해서 필요 이상으로 동요하고 겁을 먹어 아무것도 하지 못해서는 곤란하다. 매일 고민과 불안을 느끼면서도 그것에 과감하게 맞서며, 한 가지 관점에 얽매이지 않고 여러 가지 관점에서 생각하려고 노력한다. 세상을 바라보는 관점은 한 가지가 아니며 언뜻 마이너스로 보이는 것에도 나름의 플러스가 있는 것이 세상의 모습이므로, 그렇게 하면 고민이나 불안감을 벗어던지고 극복할 길도 열린다. 요컨대 그런 것들이 고민이나 불안이 아니게 되고 전부 인생의 밑거름으로 활용될 것이다.

이런 이유에서 나는 우리 인간에게 본래 고민 따위는 없다고 생각하고 있다. 본래 없는 것이 생기게 된 이유는 스스로 얽매인 시각에서 사물을 바라보고 있기 때문이며, 그렇다면 자기 반성을 하는 것이 고민 해결에서 가장 우선되어야 할 것이다.

계속할 것, 참고 견딜 것

성공이란, 성공할 때까지 계속하는 것이다.
참고 견디며 끈기 있게 노력을 계속하다 보면
주위의 상황도 변하면서 성공으로 가는 길이 열린다.

무엇을 해도 기대와는 다른 결과가 나온다. 열심히 노력하는데 도무지 일이 잘 풀리지 않는다. 긴 인생을 살다 보면 이런 상황에 빠져서 고민할 때가 있다.

그럴 때는 역시 뜻을 잃지 않고 꾸준히 노력을 계속해야 한다. 무슨 일이든 처음부터 순조로운 경우는 거의 없다. 강한 인내심으로 끈기 있게, 꾸준히 노력을 계속해 나갈 때 비로소 그 나름의 성과를 낼 수 있다.

내가 22세에 독립해 직접 소켓을 고안하고, 제조와 판매를 시작했을 때도 그랬다. 4개월 정도를 들여서 소켓을 만들어 냈지만, 팔린 것은 당시 금액으로 고작 10엔어치가 되지 않았다. 사업을 계속할 수 있는지가 문제가 아니라 당장 내일의 생계를 걱정해야 하는 상황이었다. 만약 그때 이제 다 틀렸다고 생각해 포기했다면 당연히 지금의 나도, 마쓰시타전기라는 기업도 존재하지 못했을 것이다. 하지만 고민에 고민을 거듭한 끝에 굳게 결심하고 시작한 사업을 도저히 포기할 수 없었던 나는, 어려운 생활 속에서도 어떻게든 개량을 거듭해 더 나은 소켓을 만들고자 노력했다. 그러는 사이 연말이 다가오면서 상황은 더욱 어려워졌는데, 이때 생각지도 않은 주문이 날아들었다. 소켓 제조 기술을 활용해서 선풍기의 부품 중 하나인 바닥판(時盤)이라는 것을 만들어 주지 않겠느냐는 주문이었다. 그 덕분에 위기를 겨우 타개할 수 있었고, 사업을 정상 궤도에 올려놓을 길이 열렸다.

그 후에도 비슷한 경험을 여러 번 했는데, 결국 세상일이라는 것은 이런 형태로 이루어지는 측면이 있지 않은가 싶다. 설령 처음에는 예상했던 성과를 충분히 내지 못했더라도 참고 견디며 끈기 있게 노력을 계속하다 보면 주위의 환경이 변하면서 생각지도 못한 성과를 올리게 된다. 혹은 그 노력을 계속하는 모습이 외부의 공감이나 도움의 손길을 불러와 성공의 길로 나아가는 경우가 많다고 느낀다.

그러므로 무슨 일이든, 일단 뜻을 세워서 시작한 이상은 다소 잘 풀리지 않거나 실패했다고 해서 쉽게 포기하지 말아야 한다. 때로는 실패하고 뜻이 꺾이더라도 굴하지 않고 끈기 있게 꾸준한 노력을 거듭해야 하며, 그렇게 했을 때 비로소 일을 이룰 수 있는 것이 아닐까? 우리 주변의 실패 중에는 성공하기 전에 포기한 것이 원인인 경우가 매우 많다는 생각이 든다. 오늘 포기해 버리면 내일의 성공은 절대 있을 수 없는 것이다.

다만 아무리 참고 견디며 계속하는 것이 중요하다고 해도 무엇인가에 얽매여 고집을 부려서는 안 된다. 어떤 한 가지에 얽매인 나머지 길을 벗어난, 자연의 섭리를 거스르는 방향으로 노력을 계속해서는 아무리 끈기 있게 노력한들 성과를 올릴 수 없을 것이다.

하지만 길을 벗어난 것이 아닌 한, 일단 뜻을 세웠다면 최후의 최후까지 포기하지 말아야 한다. 성공이란 성공할 때까지 계속하는 것임을 항상 마음에 새기면서 그 일에 몰두하자. 이것이 더 나은 인생을 살기 위한 중요한 비결 중 하나다.

자기 객관화의 힘

자신의 적성이나 힘을 올바르게 파악하자.
그러려면 마치 타인을 대하듯이
외부에서 자신을 냉정하게 관찰해야 한다.

충실한 인생을 살기 위해서 잊지 말아야 할 것 중 하나는 자신을 잘 아는 것, 즉 자신이 지닌 특성이나 적성, 힘 등을 올바르게 파악하는 것이다. 자신을 올바르게 파악하면 자만하지도 비굴해지지도 않고 자신의 특색이나 힘을 있는 그대로 발휘할 수 있으며, 이때 인간으로서 바람직한 성공 같은 것도 만들어진다.

가령 어떤 상점 주인이 있다고 가정해 보자. 그 사람이 자기 능력이라든가 적성을 모른다면 무얼 하겠다는 신념도 갖기 어렵고, 다른 사람들이 무엇을 하는지만 무작정 신경 쓰일 것이다. 그러면 결국 이웃이 가게를 새로 단장했으니 우리도 새로 단장해 보자든지, 저쪽에 있는 가게가 점원을 많이 고용해서 성공했으니 우리도 점원을 많이 고용해 보자는 식이 되어 버린다. 이 경우, 다른 가게는 잘되는데 자기 가게는 잘되지 않을 때가 종종 있다. 이것은 타인의 방식에 얽매인 나머지 자기 능력이나 적성에 맞지 않는 일을 했거나 도리를 잃어버렸기 때문이다. 이런 일이 거듭되면 결국은 가게가 망할 수도 있다.

반면에 그 주인이 자신을 올바르게 파악하고 있다면 '저 가게가 저렇게 한다면 우리는 이렇게 하자'처럼 자기 가게에 알맞은 방법을 선택해 가게를 번성케 할 수 있을 것이다. 물론 자신을 올바르게 파악하고 있더라도 그에 걸맞은 행동을 하지 않으면 가게를 번성시킬 수 없지만, 자기 능력이나 적성을 알고 있으면 그것을 실제로 활용하고자 할 것이며 그렇게 하면 대개는 성공하기 마련이다.

그런데 타고난 재능에 관한 글(35쪽)에서도 언급했지만, '자기를 안다'는 것은 의외로 어려운 일이다. 자기에 관해서는 스스로 가장 잘 알고 있어도 이상하지 않을 테지만, 실제로는 자기의 장점을 충분히 깨닫지 못하거나 반대로 자기 실력을 과대평가하는 일이 종종 있는 것이다.

하지만 아무리 그것이 어렵더라도 우리는 늘 자신을 올바르게 파악하려고 노력해야 한다. 그렇다면 어떻게 해야 그럴 수 있을까? 이에 관해 나는 지금까지 '자기 관조自己觀照'라는 것을 항상 의식해 왔으며 다른 사람에게도 권해 왔다. 이것은 자신을 마치 타인을 대하듯 외부에서 냉정하게 관찰하는 것이다. 자신의 마음을 일단 밖으로 꺼낸 다음, 그 꺼낸 마음으로 자신을 바라보는 것이라고도 말할 수 있다.

물론 실제로 자신의 마음을 밖으로 꺼낼 수는 없지만, 밖으로 꺼냈다고 생각하면서 객관적으로 자신을 바라본다. 이것이 내가 말하는 자기 관조이며, 이렇게 하면 비교적 올바르게 자신을 파악할 수 있을 것이다.

"산을 오르는 사람은 산을 보지 못한다"라는 옛말이 있다. 후지산을 오르고 있는 사람은 후지산의 수려한 전체상을 보지 못하며, 그 사람의 눈에는 구덩이나 돌멩이 같은 것들만 보인다. 일단 산에서 벗어나 먼 곳에서 바라볼 때 비로소 산 전체의 모습이 눈에 들어오는 것이다. 이건 우리가 자신을 알려고 할 때도 마찬가지다.

사실 우리는 그다지 의식하고 있지는 않아도 일상생활 속에서 이 자기 관조라는 것을 다양한 형태로 실천하고 있다. 이를테면 토론에 열중하거나 일에 몰두하다가 어느 순간 갑자기 정신이 번쩍 들면서 자신이 하고 있는 행동을 반성할 때처럼 말이다. 이것은 자신을 마치 제삼자처럼 바라보고 있기에 가능한 일인데, 그런 것을 이따금 의식적으로 하는 것이 중요하다.

그렇게 하면 자신의 타고난 재능, 적성이나 힘을 완전히는 아니더라도 어느 정도 올바르게 파악할 수 있을 것이며, 이를 통해서 진정으로 자신이라는 존재를 살리는 길, 인간으로서 성공하는 길이 활짝 열리지 않을까 생각한다.

쓸모없는 것은 없다

─────

이 세상에 존재하는 것은 전부 인간의 생활에 도움이 된다.
이러한 기본 인식에 입각해서
모든 것을 활용하고자 노력해야 한다.

─────

최근 들어 과학기술이 눈부시게 발전하면서 그전까지는 생각도 할 수 없었던 새로운 것이 속속 만들어지고 있다. 이런 시대에는 그것을 사용하는 위치에 있는 우리 인간의 지혜를 전보다 더 갈고닦아야 한다. 그러지 않으면 기껏 과학의 진보, 문명의 발전으로 탄생한 것을 결국 제대로 활용하지 못하게 될 위험성이 다분하기 때문이다.

　인간이 인간을 위해서 만든 것은 물론이고, 이 세상에 존재하는 것은 전부 인간 생활에 도움이 된다. 나는 쓸모

없는 것은 하나도 없고 그것이 본래 세상의 모습이라고 생각한다.

물론 이것은 현재 우리 인간이 모든 것을 활용할 줄 안다는 의미는 아니다. 오늘날에도 우리 주변에는 도움이 안 되거나 해가 된다는 이유로 버려지는 것이 적지 않다. 하지만 그런 것들도 인간의 지혜가 점점 발전한다면 미래에는 유용하게 사용할 수 있지 않을까? 실제로 인간의 역사는 자연 만물을 차츰차츰 활용해 온 발자취라고도 말할 수 있을 것이다.

가령 옛날 사람들은 푸른곰팡이를 인간에게 해가 되는 존재로 생각했다. 하지만 지금은 병을 고치는 페니실린이 되어 인간에게 큰 도움을 주고 있다.

오래전에는 석탄이나 석유도 새까만 돌이라든가 새까만 물 정도로만 인식되었겠지만, 시간이 흐르면서 먼저 석탄이 에너지원으로 활용되었고, 이어서 석유도 대량으로 사용되기 시작했다. 심지어 에너지원으로서뿐 아니라 약품이나 플라스틱 같은 화학제품으로서도 폭넓게 활용되고 있다.

BOOK21

신간 및 베스트셀러

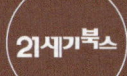 21세기북스는 급변하는 시대의 흐름 속에서 독자의 요구를 먼저 읽어내는 예리한 시각으로 〈칭찬은 고래도 춤추게 한다〉, 〈설득의 심리학〉 등 밀리언셀러를 출간하며 경제 경영 자기계발 분야의 독보적인 브랜드로서 자리매김했습니다.

 21cbooks   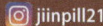 jiinpill21   21c_editors

 북이십일의 문학 브랜드 아르테는 세계와 호흡하며 세계의 우수한 작가들을 만납니다. 국내에 소개되지 않은 혹은 잊혀서는 안 되는 작품들에, 새로운 가치를 담아 재창조하여 '깊고 아름다운 책'을 만들고자 합니다.

 21arte   21_arte   staubin

베스트셀러

법의학자 유성호의 유언 노트
후회 없는 삶을 위한 지침서
유성호 지음 | 값 19,900원

"오늘의 유언이 내일의 삶을 위한 다짐이 된다!"
『나는 매주 시체를 보러 간다』 이후 6년, 매일 죽음을 만나는
유성호 교수가 1년에 한 번 '유언'을 쓰며 발견한 삶의 본질과 태도

입시를 책임지는 초3 수학 캠프
고학년 되기 전, 상위 1% 수학머리를 완성하라
류승재 지음 | 값 22,000원

"초3 수학이 수능 1등급을 결정한다!"
10년 뒤 대입까지 흔들리지 않는 수학 체력!
28년차 베테랑 수학 강사 류승재의 초격차 수학 강의

뇌가 멈추기 전에
서울대학교병원 뇌신경학자의 뇌졸중을 피하고
건강하게 오래 사는 법
이승훈 지음 | 값 19,900원

"앞으로 당신의 인생에 뇌졸중은 없습니다"
방치된 혈압, 혈당, 콜레스테롤, 심장 리듬을 되찾고
4가지 단계별 전략으로 백년 가는 뇌를 만들어라

오징어약사의 혈당 블로킹
식습관, 운동, 수면, 영양제까지 혈당 스파이크를 막는 4가지 방패
오징어약사(김선영) 지음 | 값 19,000원

당뇨 전 단계를 진단받고 약 없이 정상 수치를 회복한 현직 약사의
'3+1 혈당 블로킹' 전략! 식재료 선택부터 식사법, 운동법, 수면 루틴 등
혈당 관리를 위한 구체적 실천 도구를 제공한다

아이의 말 연습
무례함을 참지 않고 당당하게 말하는 대화 연습
김성효 지음 | 값 19,900원

"말하기도 연습이 필요합니다!"
대한민국 45만 교사들의 멘토, 28년 차 현직 교사의 생생한 인사이트
부모와 함께 감정을 이해하고 표현하는 연습하기

스테디셀러

곰탕 1, 2 (10만 부 판매 기념 에디션)
김영탁 지음 | 각권 값 17,900원

가장 돌아가고 싶은 그때로의 여행이 시작되었다!
영화 〈헬로우 고스트〉〈슬로우 비디오〉 김영탁 감독 첫 장편소설
독자들이 열광한 화제의 베스트셀러 10만 부 판매 기념 에디션

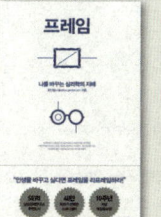

프레임
"최상의 프레임으로 삶을 재무장하라!"

최인철 지음 | 값 22,000원

프레임을 바꾸면 문제를 바라보는 관점이 바뀌고 마음가짐이
바뀌며 나아가 삶이 변화한다. 일생에 한 번은 꼭 읽어야 할
심리학 바이블이자 50만 독자가 선택한 스테디셀러

노희영의 브랜딩 법칙
기획, 개발부터 마케팅, 컨설팅, 경영까지!
전무후무한 브랜드 전략가의 30년 노하우

노희영 지음 | 값 22,000원

30여 개 브랜드의 성공 과정을 통해 트렌디한 콘셉팅 노하우,
허를 찌르는 마케팅 전략, 경영 기본 원칙, 퍼스널 브랜딩 방법 등
노희영을 대체 불가능한 존재로 거듭나게 한 비밀을 보여준다

세상에서 가장 쉬운 본질 육아
삶의 근본을 보여주는 부모, 삶을 스스로 개척하는 아이

지나영 지음 | 값 18,800원

"본질에 집중할 때, 내 아이가 빛나기 시작한다!"
한국인 최초 존스홉킨스 소아 정신과 지나영 교수가 전하는
궁극의 육아법
대한민국에 새 물결을 일으킬 육아 필독서!

천 번을 흔들리며 아이는 어른이 됩니다
사춘기 성장 근육을 키우는 뇌·마음 만들기

김붕년 지음 | 값 17,800원

"아이 스스로 불안을 마주하게 하라!"
대한민국 사춘기 부모&자녀 멘토 김붕년 교수의
예민한 시기를 넘어 단단한 인생으로 이끄는 성장 법칙

새로 나온 책

까불지 마, 인생 안 끝났어
인생 9할을 웃음으로 버틴 순자엄마의 65년 인생 내공 에세이
순자엄마(임순자) 지음 | 값 15,900원
"오늘도 조졌다고? 원래 그려. 살아보면 알아, 별일 아녀. 다 지나가!"
가난한 공장 소녀에서 쿨한 시어머니가 되기까지
순자엄마가 고단한 이들에게 전하는 세상에서 가장 따뜻한 응원

영수와 0수
김영탁 지음 | 값 17,900원
"죽기 위해 살려야만 하는 독특한 이야기!"
천선란 작가, 넷플릭스 〈D.P.〉 한준희 감독 강력 추천
웃음과 눈물, 재미와 사유가 함께하는 SF 미스터리
한국 SF 문학의 새 지평을 연 『곰탕』 김영탁 감독의 신작 장편소설

수연이네 사 남매 사계절 완밥 레시피
30분 만에 한 그릇 뚝딱하는 베스트 메뉴
유수연 지음 | 28,000원
"입 짧은 아이도 싹 비우는 완밥의 기적!"
'사계절 제철 식재료'부터 '아빠표 특별 레시피'까지
100만 인플루언서 수연이네의 온 가족 사계절 레시피 100선

어차피 내 인생, 망해도 멋있게
지옥에 첫발을 내딛는 너에게 꼭 들려주고 싶은 150가지 진심
이현석 지음 | 값 19,000원
"눈치 보지 마, 비교하지 마, 너의 속도대로 걸어가"
지친 하루하루를 보내는 젊은 세대에게 어설픈 위로보다
진심 어린 팩폭을 던지며 한 걸음 더 걸어갈 용기를 북돋워준다

휠 오브 타임(전3권)
로버트 조던 지음 | 값 165,000원
『반지의 제왕』 『왕좌의 게임』 그 이상의 세계,
세계 3대 하이 판타지 『휠 오브 타임』 한국어판 최초 출간!
차원이 다른 깊이와 스케일, 당신의 독서 인생을 뒤흔들 세기의 걸작
아마존 오리지널 드라마 〈휠 오브 타임〉 원작

새로 나온 책

제3의 응전
기계·인터넷·AI, 기술 혁명에 응답한 인간의 전략
모종린 지음 | 값 19,800원

"기술은 진보했고, 인류는 '문화'로 응전했다."
인간을 위한 기술, 그 방향을 묻다!
문화경제학자 모종린 교수의 AI 사회 리포트

치매 해방
알츠하이머병 세계적 권위자가 30년 연구로 밝힌 뇌 건강 프로젝트
묵인희 지음 | 값 19,900원

"깜빡깜빡하는 뇌가 두렵다면 누구나 읽어야 한다!"
발병 원인부터 조기 진단, 예방과 치료에 관한 가장 최신의 연구
뇌 인지능력 개선을 위한 두뇌 혁명 가이드

착하고 섬세하고 독특하고 완벽주의자인 당신을 위한 문장들
심리학자가 선사하는 고리타분한 말이 '삶의 언어'가 되는 순간
황준선 지음 | 값 17,000원

"나다운 삶을 위한 문장, 심리학의 시선으로 짚다!"
시대를 건너온 명사들의 힘 있는 말과 그 속에 담긴 인간 심리의 통찰
조용히, 하지만 깊게 스며드는 생활밀착형 인문·심리 자기계발서

데카르트의 아기
세계적 심리학자 폴 블룸의 인간 본성 탐구
폴 블룸 지음 | 김수진 옮김 | 값 22,000원

생각하는 존재의 탄생 - 인간성은 어디서 오는가?
현대 인지과학과 철학적 인간 이해의 핵심을 재정립한 명저!
스티븐 핑커가 극찬한 현대 심리학 필독서!

J.R.R. 톨킨 동화 선집(전5권)
어른을 위한, 아이와 함께 읽는 철학 동화

J.R.R. 톨킨 지음 | 크리스티나 스컬, 웨인 G. 해먼드, 벌린 플리거 엮음 | 값 128,000원

J.R.R. 톨킨이 지혜와 유머로 빚어낸 판타지 동화 선집
영국 유명 삽화가 폴린 베인스의 아름다운 삽화와 고품격 디자인으로
완성한 '책을 사랑하는 모든 이'들을 위한 특별 기프트 에디션

새로 나온 책

80/20 법칙, 80/20 법칙(행동편)

리처드 코치 지음 | 공병호, 박영준 옮김 | 값 각 24,000원

"사소한 것에 매달리지 마라,
모든 것을 결정하는 20%에 몰두하라!"
세계적 자기계발 대가들이 실천하는 성공 불변의 법칙

나이 들 용기

아들러 심리학 대가 기시미 이치로가 전하는 나이 듦의 지혜

기시미 이치로 지음 | 값 18,800원

"인생은 마라톤이 아니라 춤이다!" 200만 부 베스트셀러
『미움받을 용기』의 저자 기시미 이치로의 또 다른 위로
지금 이 순간부터 당당하고 자유롭게 살아가는 용기

독재자는 어떻게 몰락하는가

국가는 어떻게 살아남는가

마르첼 디르주스(Marcel Dirsus) 지음 | 정지영 옮김 | 김만권 해제 | 값 30,000원

이코노미스트 선정 2024 최고의 책
소련공산당정치국 10년 연구·콩고민주공화국 현장연구
독재의 태생적 한계와 민주주의의 새 가능성을 밝히다

샤프

세계 최고 의료기관이 인증한 뇌과학으로 삶을 바꾸는 행동 전략

터리스 휴스턴 지음 | 값 22,000원

"우리 뇌는 처음부터 똑똑했다. 제대로 못 쓰고 있었을 뿐!"
멍한 정신을 예리하게 가다듬는 실용적·과학적 실천 가이드
단순하지만 강력한 14가지 두뇌 활용법

철학의 정원

2000년 지성사가 한눈에 보이는 철학서 산책

시라토리 하루히코 지음 | 박재현 옮김 | 값 25,000원

"철학의 문턱을 낮추고, 생각의 깊이를 높이다!"
시대의 고전 100권으로 읽는 인류 지성사의 대도감
밀리언셀러 『초역 니체의 말』 시라토리 하루히코 신작

이것은 과학기술이 진보하고 인간의 지혜가 향상된 덕분이다.

그러므로 미래에는 지금은 쓸모없다며 버려지고 있는 것이 점차 인간의 생활 향상을 위해서 활용될 것이라고 생각한다. 그리고 이처럼 '이 세상의 모든 것은 도움이 된다'라는 기본 인식에 입각해서, 하나라도 더 많은 것을 잘 활용하는 것이 우리 인간의 중요한 사명 중 하나이며 과학기술 같은 학문이 존재하는 의의이기도 할 것이다.

그런데 이런 기본 인식, 사고방식이 최근 들어서 조금 약해졌다고나 할까, 지나치게 소극적이 된 측면이 있는 듯하다. 1만 가지 중 한 가지 결함이 있다면 나머지 9999가지는 전혀 문제가 없다는 뜻이므로 그 한 가지 결함만 고치면 되는데, 오늘날의 사회는 그 한 가지 결함을 이유로 전체를 좋지 않게 본다. 그런 탓에 모처럼 좋은 것이 발명되었음에도 활용하지 않는 일이 적지 않다. 이것은 결코 바람직한 경향이 아니라고 생각한다.

겨울의 진미 중 하나로서 많은 사람이 즐기는 복어도 독이 있다는 이유로 두려워하고 멀리했다면 먹지 못했을 것이다. 그러나 선인들은 어디에 독이 있고 어떻게 조리하면 안전할지 적극적으로 궁리하고 이런저런 연구를 해 왔다. 그 덕분에 우리는 오늘날 안심하고 복어의 맛을 즐길 수 있게 되었다.

또 지금은 버려지고 있지만, 어쩌면 복어의 독 자체도 언젠가는 무엇인가에 활용될지도 모른다. 실제로 의료 방면에서 연구되고 있다고 하는데, 그 연구가 성공한다면 복어도 맛있고 귀중하지만 그 독은 그 이상으로 유용하다는 평가를 받을 것이다.

그렇게 생각하면, 과학기술이 시시각각 진보하는 현재를 사는 우리는 안전한 복어 조리에 성공한 옛사람들 이상으로 이 세상에 쓸모없는 것은 없다는 강한 인식을 갖고 모든 것을 적극적으로 활용하려고 시도해야 한다.

일상생활 속에서 우리의 지혜를 더욱 키우면서 사물을 진정으로 활용하고자 노력하는 일은 인간의 중요한 임무 중 하나이다.

물건을 울리지 않는다

각각의 물건이 지닌 가치를 올바르게 인식하고
그 가치에 맞게 적절히 처우한다.
물건을 진정으로 활용하는 길은 바로 여기에 있다.

앞에서 이 세상에 존재하는 것은 전부 인간의 생활에 도움이 되므로, 이런 기본 인식에 입각해 물건 하나하나를 최대한 활용하고자 노력했으면 한다라고 언급했다.

그렇다면 각각의 물건을 활용하기 위해서는 구체적으로 어떤 마음가짐이 필요할까? 물건을 활용하는 비결 같은 것이 존재할까?

이와 관련한 재미있는 이야기를 꽤 오래전에 들었다. 그것은 사카타 산키치坂田三吉라는 사람에 관한 이야기다.

사카타 산키치는 메이지 시대 초기(1870년)에 오사카 사카이 시에서 태어났는데, 평생 동안 읽고 쓰기를 못했음에도 독학으로 장기를 공부해 8단까지 올랐으며 세상을 떠난 뒤 명인名人과 왕장王將의 칭호를 받은 장기의 달인이다.

그런 사카타 산키치의 일생을 다룬 '왕장'이라는 연극에는, 장기를 두는 주인공이 충분히 활약하지 못하고 있는 '은銀' 장기말을 보며 "은이 울고 있구나"라고 중얼거리는 장면이 있다고 한다. 이 이야기를 들은 나는 '역시 명인이라고 불리는 사람이 하는 말은 다르구나' 감탄하며 큰 흥미를 느꼈다.

장기는 일정한 규칙에 따라서 장기말을 하나하나 움직여 상대의 왕을 잡는 게임이다. 그러므로 장기에서 승리하기 위해서는 각각의 말이 지닌 특색이나 특징을 잘 알고 그것을 최대한 활용해야 하며, 언제 어떤 상황에서든 늘 그렇게 할 수 있는 사람이 이른바 명인 또는 고수일 것이다.

아마 사카타 산키치라는 사람도 대국을 할 때마다 각각의 말이 지닌 특색과 특징을 최대한 발휘하고자 심혈을 기울였을 것이다. 그렇기에 장기판 위에서 자신의 특색을 살리지 못하고 있는 은이 마치 그런 상태를 슬퍼하며 울고 있는 듯이 보인 것이 아닐까?

요컨대 "은이 울고 있구나"라는 표현은 제대로 활용하지 못하고 있는 은을 활용할 방법을 어떻게든 찾아내야 한다는 산키치의 진지한 마음에서 우러나온 말이며, 그때 산키치의 눈에는 정말로 장기말이 자신에게 호소하고 있는 듯 보였을 것이다.

나의 장기 실력은 그저 장기말의 행보법을 아는 정도에 불과하므로, 사카타 산키치 같은 달인의 말을 내 멋대로 해석하는 것은 굉장히 조심스럽다.

그럼에도 지금까지 내 경험에 비추어 보면 이 해석이 반드시 틀린 것은 아니리라 생각한다. 그리고 말 못 하는 장기말을 대하는 산키치의 이런 진지한 태도는, 비단 장기뿐 아니라 우리 일상생활의 여러 상황에서 필요하다.

실제로 지금까지 사업을 계속해 오는 과정에서 새로 만든 시제품이 내게 어떤 말을 걸고 있다고, 호소하고 있다고 느낀 적이 적지 않다. 그것은 하나같이 진지하게 일에 몰두하던 때였으며, 말 못 하는 그런 물건의 목소리를 들었을 때는 대체로 그 시제품을 정말 좋은 상품으로 만들어 낼 수 있었다.

산키치의 장기말과 마찬가지로, 이 세상에 존재하는 모든 것은 저마다 독자적인 특색 또는 특질을 지니고 우리의 생활에 도움이 되고자 대기하고 있는 듯하다. 우리가 그 물건들이 지닌 특질, 가치를 올바르게 인식하고, 그 가치에 맞는 적절한 처우를 해 주면서 그 물건을 진정으로 활용하는 일의 중요성을 느낄 때 비로소 우리는 우리의 생활을 한층 향상시킬 수 있지 않을까?

물건을 울리지 않도록, 사카타 산키치와 같은 진지한 마음으로 물건을 대하면서 그것을 활용하려는 노력을 매일 게을리하지 말았으면 한다.

나이와
나이다움에 대하여

인간은 저마다 그 나이에 따라서 발휘되는 특색이 다르다.
그 차이를 서로 존중하면서
각자의 특색을 살려 나가야 한다.

나이가 60세를 넘어가자 곧잘 금세 피곤해져서, 체력 감퇴를 느끼는 일이 많아졌다. 그 뒤로 아직 건강한 것 같지만 역시 나이는 속일 수 없구나 하고 느끼면서, 이따금 이런 생각을 한다.

인간은 나이를 먹으면 어떻게 변하는 것일까?

먼저 체력을 생각해 보면, 체력이 가장 왕성한 시기는 10대 후반에서 20대일 것이다. 이것은 물론 나의 독단이지만, 대체로 30세 정도가 되면 이미 내리막길에 접어

든다.

예를 들어 스모의 세계에도 30세가 될 때까지 요코즈나(스모 선수의 최고 지위-옮긴이)가 되지 못했다면 이후에 요코즈나가 되기는 어렵다는 설이 있으며, 젊은 나이에 요코즈나가 되었더라도 30세를 넘기면 그 지위를 유지하기 어려워진다고들 한다. 그래서 체력은 일단 30세가 정점이라고 생각해도 무방하지 않을까 생각하는 것이다.

그렇다면 지력은 어떨까? 이 또한 나의 독단인데, 지력의 정점도 체력과 똑같이 30세라고 볼 수는 없다. 그렇다면 몇세 때 가장 왕성할까? 대체로 40세쯤이 아닐까 싶다. 40세를 넘기면 지력이 점점 쇠퇴하는 것이 일반적인 현상일 것이다. 물론 사람마다 개인차가 있으므로 예외도 있겠지만, 일단은 그렇게 생각해도 무방할 것이다.

이처럼 30세를 넘기면 체력이, 40세를 넘기면 지력이 떨어지기 시작한다면 40세를 넘긴 사람은 세상에서 자신의 지위를 유지하지도, 일을 하지도 못하게 될까? 그렇지는 않다. 오히려 더욱 높은 지위에 오르고, 더욱 훌륭한 성과를 내는 사람이 많은 것이 현실이다.

그래서 어떻게 그런 일이 가능한지 조금 더 생각해 보면, 거기에는 이른바 사회적 구성에 따른 측면이 큰 것 같다. 선배가 되어 있다든가 경험이 풍부한 까닭에 젊은 사람을 중심으로 많은 사람의 지지 혹은 존경을 받게 되며, 그것이 그 사람을 높은 지위로 끌어올려 더 큰일을 하도록 만드는 것이 아닐까?

실제로 50세, 60세가 되어서도 상당 수준의 지력이 필요한 일을 하면서 성과를 올리는 사람이 적지 않은데, 이것은 역시 젊은 사람들의 종합적인 협력을 얻고 있기에 가능한 일일 것이다. 완전히 알몸이 되어서 지력의 저울, 체력의 저울 위에 올라간다면 60세인 사람은 40세나 30세인 사람보다 뒤처질 것이다.

이것은 세상의 참으로 재미있는 측면으로, 스모처럼 개인의 종합적인 힘이 명확하게 드러나지 않는다는 것이 커다란 묘미 혹은 재미다. 그렇기에 인생을 살면서 이런 점을 인식하는 것은 매우 중요하다.

가령 50세, 60세의 나이에, 심지어 사장이라는 책임 있는 자리에서 그 임무를 수행하며 훌륭한 성과를 내는 사람도 그 사람 혼자만의 힘으로는 그런 업적을 만들어 낼 수 없다. 부하 직원의 협력 가운데서 자신의 경험을 활용했기에 그 일이 가능했음을 명심해야 한다.

또한 30~40세인 사람들도 선배들이 풍부한 경험을 바탕으로 자신들을 이끌어 줬기에 자신이 지닌 힘을 더욱 잘 살릴 수 있었음을 명심해야 한다. 그리고 미래에는 자신들도 나이를 먹어 지금의 선배들과 같은 위치에 있게 되리라는 생각을 가지고, 선배들의 경험을 공부하려는 태도를 가져야 한다.

나이에 따른 풍부한 경험이든 왕성한 지력과 체력이든 개개인이 발휘할 수 있는 특색은 다 다르지만, 노소를 불문하고 나이에 따른 차이를 존중하며 서로의 특색을 활용할 때 사회도 더욱 힘차게 움직이지 않을까?

여성의 일을 고찰하다

남녀에게는 각자 다른 특질, 역할이 있다.
그 차이를 올바르게 알고 본래의 역할을 다할 때
진정한 평등이 있다.

최근 들어 남녀평등이라는 말을 자주 듣게 되었고, 옛날에 비해 직업을 가진 여성이 늘었다. 그런 모습은 매우 의미 있고 환영할 일이라고 생각한다.

다만 나는 모든 측면에서 이 평등이라는 것이 모두가 하나부터 열까지 다 같다는 의미는 아니라고 생각한다. 사람은 누구나 타인과는 다른 독자적인 재능, 특질을 부여받았으므로, 평등이라는 것은 모두가 다 독자적인 특질을 부여받았다는 의미이지 부여받은 특질이 모두 똑같다는 의미가 절대 아니다. 그러므로 남녀평등이라고 해도 그것은 남성과 여성이 하나부터 열까지 전부 똑같이 생각하고 행동해야 한다는 의미가 아니라 남녀 모두 각자의 특질, 역할을 충분히 발휘할 수 있도록 해야 한다는 의미여야 할 것이다.

실제로 남성과 여성의 특질, 역할에는 자연스럽게 다른 부분이 있다고 느낀다. 이것은 우리 인간의 일상생활을 봐도 명확하다. 남성이든 여성이든 평생을 혼자서 사는 것이 본래의 모습인가 하면 그렇지는 않다고 생각한다. 개중에는 어떤 생각에서 자신은 평생 독신으로 살겠다는 사람도 있지만, 그것은 굳이 따지자면 예외이고 일반적으로는 남녀가 한 쌍이 되어 부부로서 사는 게 보통의 모습이며 그것이 인간 본연의 모습이기도 하지 않을까?

그렇다면 그 부부 사이에서 출산과 육아라는 역할을 다한다는, 하늘이 내려준 특질을 지닌 여성과 그렇지 않은 남성은 자연스럽게 그 역할이 달라질 것이다. 요컨대 남성은 주로 밖으로 나가서 일하는 역할을, 여성은 집을 지키는 역할을 담당하게 된다. 그렇게 해서 부부가 하나가 되어 건전한 가정을 꾸리는 것이 사회 전체의 발전을 뒷받침하는 인간 본래의 모습이 아닐까?

과거에는 남존여비적 사고방식이 있어서, 밖으로 나가 일하는 것을 중요하게 여기고 집을 지키는 것은 경시하는 풍조가 있었다. 이런 풍조는 크게 잘못되었다고 생각한다. 어느 한쪽을 더 중시하고 어느 한쪽을 경시해야 할 문제가 아니라 양쪽 모두 똑같이 중요한 일인 것이다.

물론 남녀의 역할 분담에 관해서는, 쌍방이 같은 역할을 하며 똑같이 일을 분담해야 한다는 사고방식도 성립할 것이다. 하지만 현실적으로 남성은 출산이나 수유를 할 수가 없으니, 만약 여성에게 출산과 육아 역할을 부여하면서 여기에 남성과 같은 역할까지 짊어지운다면 여성에게 너무나도 과중한 부담을 강요하게 된다.

그러므로 역시 남녀는 본래 다른 역할을 맡고 있으며 그 역할은 동등하게 중요하다고 생각하는 것이 자연스러운 발상이 아닐까 싶다. 또한 그런 발상을 기본에 두고 각자의 역할을 다하며 살아갈 때 진정한 행복도 있지 않을까?

다만 물론 이것이 여성은 밖에서 일하지 말라는 의미가

아니다. 앞에서도 이야기했듯, 직업을 가진 여성이 늘어나는 것은 매우 의미 있는 일이라고 생각한다. 최근에는 사회가 진보하고 다양화됨에 따라 여성에게 적합한 일, 또 여성이 아니면 할 수 없는 일도 생겨나고 있다. 그런 일들은 그 일에 적성이 있는 여성에게 맡기는 것이 여성의 특질을 살린다는 의미에서나 사회를 위해서 중요하다. 또한 여성이 실제 사회가 어떤 곳인지를 알아 간다는 측면에서도 결혼 전 일정 기간 동안 사회에 진출해 직업을 갖는 것도 그 나름대로 의미가 있으며 바람직한 일일 것이다.

여성이 사회에 진출해 직업을 갖는 것은 환영할 만한 일이지만, 사람들이 여성 본래의 역할을 올바르게 알고 이것을 적정하게 평가하는 풍조가 앞으로 자리 잡아야 한다. 가정을 지키는 여성의 역할은 중요하며, 사회 전체가 그 일의 의의와 중요성을 더욱 적정하게 인식하고 높이 평가할 필요가 있다. 나는 여성의 사회 진출에 앞서 이 전제가 선행되어야 한다고 생각한다.

이 바탕이 있어야 진정한 남녀평등이 실현되리라고 생각하는데, 여러분은 어떻게 생각하는가?

부모의 길을 걷는다는 것

부모의 삶의 자세가 확고해야 한다.
인생관을 확립해야 한다.
그래야 자식을 대할 때 충분한 설득력이 생긴다.

"부모가 되기는 쉽지만, 부모로 살기는 어렵다"라는 말을 들은 적이 있다. 누가 처음 한 말인지는 모르겠지만, 분명히 고개가 끄덕여지는 측면이 있다. 그리고 그 부모로서 어려운 일 중에서도 최고는 자식의 훈육, 교육이 아닐까 싶다.

옛날부터 "세 살 버릇 여든까지 간다"라든지 "쇠는 뜨거울 때 두들겨라(사람은 젊을 때 단련시키라는 의미-옮긴이)"라는 말이 있었는데, 인간이 한 사람 몫을 하는 훌륭한 사람으로 성장하려면 태어나서 어른이 될 때까지 인간으로서 중요한 것을 철저히 교육받아야 한다. 누군가가 이끌어 주지 않는 이상, 인간으로서 어떻게 살아야 할지 자연스럽게 터득할 수는 없다. 아무리 훌륭한 위인이라 한들, 어렸을 때 누군가가 그를 올바른 방향으로 이끌어 줘야 하는 것이다.

이렇게 아이들을 올바른 방향으로 이끄는 일은, 넓게는 그 시기를 살고 있는 모든 어른이 해야 할 임무이자 책임이라고 말할 수 있을 것이다. 하지만 직접적으로는 역시 매일 아이와 접하는 부모의 책임이 가장 크다. 따라서 부모인 이상, 아이를 훈육하고 교육하는 형태로 그 책임을 다해야 하는데, 이것이 참으로 쉽지 않은 일이다. 그래서 과거의 상인 가문 등에서는 종종 자신의 아이를 다른 적절한 가게에 맡겨서 교육을 부탁한 것이다.

나 또한 한 사람의 아버지로서 그 역할을 다해야 하는 위치에 있었다. 하지만 되돌아보면 사업에 전념한 결과 아이의 훈육과 교육을 전부 아내에게 맡긴 것이 사실이다. 그렇기에 아이의 훈육과 교육에 관해 이러쿵저러쿵 이야기할 자격은 없다고 느끼지만, 내 나름대로 매우 중요하다고 생각하는 한 가지는 꼭 언급하고 싶다.

그것은 부모 자신이 인생관이라든가 사회관을 명확히 갖고 있어야 한다는 것이다. 부모가 아이에게 "이렇게 하렴", "이렇게 해서는 안 된단다"라고 가르치는 것은 매우 중요하다. 하지만 그것과 함께, 혹은 그 이상으로 명확한 인생관이 필요하다. 부모에게 인생관과 사회관이 있으면 그것이 신념이 되어서 자신도 모르게 말과 행동에 나타나게 되고, 그것이 아이에 대한 무언의 교육이 될 것이다. 하지만 그런 것을 갖고 있지 않다면, 물론 아무 말도 하지 않는 것보다야 낫겠지만 아무리 "이렇게 하렴, 저렇게 하렴"이라고 말한들 충분한 효과를 발휘할 수 있을지 의문스럽다.

그러므로 부모가 된 이상, 가치관의 질적 차이야 있겠지만, 어떤 인생관, 사회관을 추구하는지에 대한 명확한 생각이 있어야 한다.

이것은 물론 부모 양쪽 모두에게 해당하는 이야기지만, 역시 더 필요성이 높은 쪽은 아버지가 아닐까 싶다. 요즘 아버지들은 나와 마찬가지로 자녀를 상대할 기회가 적은 사람이 많은 듯한데, 그럴지라도 아버지에게 인생에 관한 나름의 신념이 있다면 어머니도 그에 준하는 신념을 갖게 될 것이다. 하지만 아버지에게 확고한 신념이 없으면 어머니도 신념을 갖기 어렵다. 그렇게 되면 단순히 감정적인 애정만으로 자녀를 키우게 될 것이다. 물론 아이에게는 그런 애정도 중요하다. 하지만 그것만으로는 아이가 배우는 것이 적기 때문에 욕망이 좋은 방향으로 유도되지 않은 채 성장하게 될 위험성이 클 것이다.

요즘 세상을 보면 이 인생관이 갖춰지지 못해 부모들부터가 방황하고 있다. 그래서 청소년들이 바람직하지 못한 모습을 보이는 요인 중 하나가 이것 아닌가 하는 생각을 금할 수가 없다.

가치관 다양화의 시대로 불리며 각자의 인생관을 확립하기 어려운 시대이기는 하지만, 부모 스스로 매일 자기 삶의 방식을 만들어 나가야 한다. 이것이 자식의 훈육과 교육이라는 부모의 책임을 다하기 위한 출발점인 동시에, 부모 자신이 더 나은 삶을 살기 위한 길일 것이다.

마지막까지
최선을 다해서 인생을 산다

―――

지금이라는 시간은 바로 이 순간뿐이다.
매 순간 최선을 다해서 살아가기를 거듭하는 자세가
충실한 인생을 만들고 젊음을 만들어 낸다.

―――

이제 10여 년 전 일이 되었지만, 인연이 닿아서 조각가인 히라쿠시 덴추 平櫛田中와 만날 기회가 있었다. 메이지 5년(1872년)생인 히라쿠시는 메이지와 다이쇼, 쇼와라는 세 시대에 걸쳐 일본 조각계의 일인자로서 활동한 사람으로, 당시 나이가 이미 100세에 가까웠고 나 또한 70대 중반을 넘기고 있었다. 그때 히라쿠시가 이런 말을 했다.

"마쓰시타 씨, 예순이나 일흔은 아직 코흘리개 꼬맹이입니다. 100세부터가 남자의 전성기이지요. 그러니까 저도 지금부터가 시작입니다."

히라쿠시도 나도 세상의 상식으로는 은둔 생활을 해도 이상하지 않은 나이였음에도, 이렇게 말하는 히라쿠시에게 '상당히 마음이 젊은 사람이구나' 하고 놀란 한편, 감탄했다. 알고 보니 이것은 히라쿠시의 입버릇으로, 그는 또 "지금 하지 않으면 언제 할 수 있겠는가? 내가 하지 않으면 누가 하겠는가?"라는 말을 즐겨 했다고 한다.

그런데 그로부터 수년 후, 히라쿠시가 만 100세를 맞았을 때, 그가 앞으로 30년분의 조각용 목재를 마당에 쌓아 놓았다는 사실을 우연히 알게 되었다. 첫 만남 때 '상당히 마음이 젊은 사람이구나' 하고 느끼기는 했지만, 100세 넘어서도 30년분의 조각용 목재를 쟁여 놓고 작품 제작에 의욕을 불태우는 것을 보니 "남자의 전성기는 100세부터"라는 것도 그냥 하는 말이 아니었다. 진정으로 자기 예술을 완성하려면 앞으로 30년은 더 나무 조각을 해야 한다는, 강한 집념과 열의를 품고 있음을 새삼 느꼈다.

실제로 히라쿠시는 100세를 넘긴 뒤에도 창작 활동에 전념했다. 만 102세가 되었을 때는 월간지 『PHP』에 짧은 글을 기고하기도 했는데, 그 글에서 그는 이렇게 썼다.

"앞으로 조금 더 오래 살지 않으면 제가 의무를 다할 수 없는 작품이 있어요. 대여섯 점, 아니 적어도 네 점은 만들어야 하지요.

최근에 이 네 점 말고도 하나를 만들어 봤습니다만, 상당히 애를 먹었습니다. 3년이 걸렸는데 정말 힘들었어요. 너무나도 고생했고, 제가 수업을 잘못 쌓았음을 통감했습니다. 조각을 배우기 시작하면 5년이나 10년 동안은 기본을 다져서 무슨 일이 있어도 그 물건을 나무에 그대로 옮길 수 있게 되어야 합니다. 그런데 제게는 그 기본이 없었던 것입니다. 말하자면 잔재주로 만들어 왔던 것이지요."

나는 이 문장을 읽고 매우 감동한 한편, 큰 격려를 받은 기분이 들었다.

나보다 22세나 연장자인 히라쿠시가 100세를 넘기고도 의욕 왕성하게 자기 일에 몰두할 뿐만 아니라, 자기 수업이 부족함을 반성하고 나무 조각의 길에 매진하는 진지한 모습이 이 글에서 생생하게 느껴졌기 때문이다.

안타깝게도 히라쿠시는 108세 생일을 눈앞에 둔

1979년 12월 30일에 30년분의 목재를 다 쓰지 못한 채 눈을 감았다. 비록 목재를 다 쓰지 못했지만, 최후의 순간까지 자기 일에 열정을 가지고 그것을 완수하려 했음을 생각하면 마지막까지 생명을 완전히 불태운 사람이라고 해도 좋지 않을까 싶다.

생각해 보면 100세를 넘겨서도 그만큼 정정하고 생기가 넘쳤던 것은, 자기 일에 대해서 '지금 하지 않으면 언제 할 수 있겠는가? 내가 하지 않으면 누가 하겠는가?' 하는 마음가짐으로 지금 이 순간에 최선을 다해 살았기 때문일 것이다.

우리 생명이 언제 다할지는 알 수 없지만, 모든 사람이 마지막 순간까지 해야 할 일을 하면서 살기를 바랄 것이다. 그러나 그 바람을 실제 인생에서 현실로 만들어 나가는 것은 참으로 어려운 일이다. 90세를 눈앞에 둔 나도 때때로 그 어려움을 느끼고 있는데, 그런 우리에게 히라쿠시의 삶은 좀처럼 얻기 힘든 큰 격려를 준다.

삶의 보람이 중요한 이유

일은 인생에서 매우 중요한 위치를 차지한다.
그런 일에서 삶의 보람을 찾아낼 수 있는가?
여기에 행복한 인생을 살기 위한 열쇠가 숨어 있다.

인간으로서 이 세상에 태어난 이상, 인생을 보람 있게 살고 싶다는 것은 우리 모두의 소망일 것이다. 이렇다 할 삶의 보람도 없이 그저 하루하루를 보내기만 하는 것은 결코 행복한 인생이라고 말할 수 없다. 그렇다면 어떤 곳에서 삶의 보람을 추구해야 할까? 여기에는 다양한 모습이 있을 수 있다. 어떤 사람은 취미나 스포츠가 삶의 보람일지도 모르고, 가정이나 자녀의 성장이 삶의 보람이라는 사람도 있을 테다. 혹은 돈을 모으는 것이나 맛있는 음식

을 먹는 것을 가장 큰 삶의 보람으로 여기는 사람도 있을 것이다.

삶의 보람이라는 것은 그렇게 사람마다 다양하며, 또 다양한 것이 좋다고 생각한다.

그런데 지금까지 내 삶의 보람은 무엇이었을까 생각해 보면 그때그때 달랐다.

집안 사정으로 만 9세에 오사카에서 사환으로 일하게 된 나는 수년 동안 경험을 쌓았다. 처음에는 고향에 계신 어머니가 보고 싶어 매일 밤 베개가 다 젖도록 눈물을 흘렸지만, 일에 점점 익숙해지자 나도 언젠가는 하다못해 가게의 지배인 정도는 되어 대여섯 명이라도 꼬마 사환을 지도하며 성과를 내고 싶다는 꿈이 생겨서, 새벽부터 늦은 밤까지 시간 가는 줄도 모르고 땀 흘려 일했다.

당시는 '삶의 보람' 같은 걸 거의 언급하지 않던 시절이었고, 나 또한 어렸기에 딱히 삶의 보람에 관해서 생각하거나 의식한 적이 없었다. 하지만 지금 생각해 보면 그런 식으로 다소나마 무엇인가를 결심하고 일에 열중하면서 만족감을 맛보았으며, 그것은 그것대로 일종의 삶에 보람을 느낀 시기였다고 말할 수 있을 것이다.

그 후 전등 회사에서 배선공으로 일했는데, 그때는 그때 대로 실력을 갈고닦아 훌륭한 직공이 되어서 모두에게 존중받고 싶다는 생각으로 열심히 노력했다. 그리고 각종 어려운 공사를 도맡고 때로는 철야까지 하며 맡은 일을 해내는 데 큰 기쁨을 느꼈다.

그 뒤로는 22세에 독립해, 아주 작은 규모지만 전기 기구 제조 사업을 시작했다. 처음 사업을 시작했을 때는 완전히 일에 몰두해 하루하루 온 힘을 다해 성실하게 일했다. 그 시절 여름, 밤늦게 일을 마치고 대야에 뜨거운 물을 담아 목물을 하며 "오늘 하루 정말 열심히 일했네" 하고 스스로를 칭찬하고픈 충실감을 맛본 기억이 지금도 생생하다.

또한 회사가 커진 뒤에는 사업을 통해서 사람들의 문화 생활을 향상시키고 사회 발전에 기여, 공헌할 것을 사명으로 삼고 그 사명을 직원들과 함께 달성해 나가는 데서 삶의 보람을 느꼈다.

이처럼 내 삶의 보람이라는 것은 결코 시종일관 똑같지

않았으며, 그때그때 변해 왔다. 하지만 나는 그것은 그것대로 좋지 않았나 생각한다.

세상에는 일생에 걸쳐 한 가지 일에 몰두하며 그 일에서 삶의 보람을 추구하는 사람도 있다. 종교인이나 예술가 같은 사람들은 대부분 그렇다고 말할 수 있을 것이다. 나는 그것이 매우 훌륭한 모습이라고 생각한다. 다만 모든 사람이 그래야 한다고는 생각하지 않는다. 어떤 시기에는 어떤 한 가지 일에서 삶의 보람을 발견하고, 그 시기가 지나면 또 새로운 삶의 보람을 추구하는 것 역시 그것대로 의미 있는 일일 것이다.

하지만 여기에서 한 가지 생각해 봐야 할 것은 일에 관해서다. 당연한 말이지만, 일은 우리의 인생에서 시간의 측면에서나 경제의 측면에서나 매우 중요한 위치를 차지한다. 그렇게 보면, 삶의 보람은 다양해도 좋다고는 하지만 자신이 하고 있는 일에서 삶의 보람을 느낄 수 있느냐 없느냐는 경우에 따라서 우리의 인생이 행복한가 불행한가를 좌우할 만큼 큰 의미를 지닌다고 생각할 수 있다.

그러므로 취미를 즐기는 것도, 가정을 소중히 여기는 것도, 그 밖의 다양한 측면에서 생활을 다채롭게 만드는 것도 저마다 의미 깊고 중요한 일이라고는 생각하지만, 역시 일에 몰두하고 일에서 기쁨과 삶의 보람을 느끼는 것이 밑바탕에 자리하고 있어야 한다고 느낀다. 물론 일만이 삶의 보람이어야 한다고는 생각하지 않지만, 적어도 일 또한 커다란 삶의 보람 중 하나라고 말할 수 있게 되는 게 더 충실하고 행복한 인생을 사는 데 바람직하지 않을까 싶다.

좋은 인생이란 무엇인가

인생이란 생산과 소비의 행위다.
하루하루 물심양면에서 좋은 생산과 좋은 소비를 하고자 노력하는 것이
충실한 인생으로 이어진다.

우리가 지금 살고 있는 인생은 저마다 자신만 걸을 수 있는, 두 번 다시 반복할 수 없는 귀중한 것이다. 그런 만큼 이 인생을 더욱 의미 깊은 것으로 만들고 싶다는 바람이 누구에게나 있으리라고 생각하는데, 그 바람을 실현하려면 먼저 인생에 대한 올바른 인식이 필요할 것이다. 인생이 무엇인지를 어느 정도는 뚜렷하게 파악해야 더 나은 인생을 살려는 노력도 구체적이고 힘차게 할 수 있게 되며, 실제 성과도 올릴 수 있다.

이 '인생이란 무엇인가?'라는 것에 관해서 PHP의 연구를 시작한 지 얼마 되지 않았을 무렵에 이리저리 생각해 본 적이 있었다.

인생이라고 하면 일반적으로는 이른바 인간의 일생, 즉 태어나서 죽을 때까지로 인식된다. 하지만 그 인생을 자세히 들여다보면 매 순간 일상생활이 쌓여서 만들어진 것이라고도 생각할 수 있다. 따라서 우리의 일상생활을 있는 그대로 소상히 관찰하는 방법으로도 인생이 무엇인지 파악할 수 있을 것이다.

그래서 나는 그런 관점에서 여러 가지로 검토한 결과, 인생이란 무엇인지 내 나름대로 다음과 같이 정의 내렸다. 그것은 지극히 간단명료해서, 말하자면 '인생이란 생산과 소비의 행위'라는 것이었다.

생산과 소비라고 하면 일반적으로 경제 활동의 한 측면을 떠올리게 되지만, 여기에서 말하는 생산과 소비는 단순히 물건을 생산하고 소비하는 것이 아니다. 좀 더 넓게, 인간 마음의 행위와 정신적 활동까지를 포함한 물심양면에 걸친 생산과 소비를 뜻한다. 그것이 우리 일상생활의 기본이며, 또 우리의 인생 자체가 아닌가 하고 생각한 것이다.

그런 생각을 한 지도 벌써 30년 이상이 지났지만, 그 생각은 지금도 달라지지 않았다. 실제로 우리의 인생은 생산과 소비 이외에 그 무엇도 아니지 않을까? 우리는 매일 한편으로 다양한 물질을 생산하고, 동시에 다른 한편으로 다양한 물질을 소비하고 있다. 그리고 물질을 생산하거나 소비할 때 반드시 어떤 형태로든 자신의 마음을 활동시킨다. 물건을 만들 때는 먼저 어떤 물건을 어떻게 만들지 마음속에서 그린 다음 이런저런 창의적인 궁리를 거듭한다. 이것은 정신적인 측면에서의 생산 활동이라고 말할 수 있을 것이다. 또한 물건을 사용하고 소비할 때도 그 가치를 재고 음미한다는 정신적인 측면에서의 소비활동을 항상 동반한다. 따라서 우리 인간의 일상생활, 나아가 그 일상생활의 축적인 인생은 전부 물심양면에 걸친 생산과 소비 행위로 이루어져 있다고 말할 수 있지 않을까?

그렇게 생각하면 우리가 좋은 인생, 의미 있는 인생을 살기 위해서는 그 물심양면의 생산과 소비를 어제보다 오늘, 오늘보다 내일, 더 바람직한 모습으로 실천해 나가는 게 중요해진다. 정치가라면 정치 활동의 측면에서, 교육자라면 교육 활동의 측면에서, 각자 자신의 분야에서 좋은 생산과 좋은 소비를 의식하고 실천하는 것이다.

그렇게 하면 사회 전체에 바람직한 발전과 향상의 모습이 생겨날 것이다. 또한 개개인에게도 더 나은 인생, 후회 없고 의미 있는 인생으로 나아가는 길이 열리지 않을까 싶다.

인생의 의미라든가 목적이라고 하면 굉장히 숭고하고 어려운 것으로 생각하기 쉽다. 하지만 지금까지 이야기했듯이 인생이라는 것을 하루하루의 활동을 통한 물심양면의 생산과 소비 행위로 여기고 더 좋은 생산과 소비를 해나가는 것이 좋은 인생으로 향하는 길이라고 생각한다면, 인생이 굉장히 친근하게 다가오지 않을까 싶다.

적어도 나는 오늘 하루 내가 한 활동이 좋은 생산이자 좋은 소비였는지 반성하는 것이 내 나름의 충실한 인생으로 이어져 왔다고 느낀다.

천수를 다한다

―――

희망과 용기를 갖고 열심히 인생을 살아가며,
하늘이 내게 주신 수명을 최대한으로 살고 싶다.

―――

나는 올해로 90세가 된다.

굳이 따지자면 평생 허약 체질이었던 나는 전등 회사에서 일하던 20세에 폐첨 카타르를 앓았고, 그 후 독립해 사업을 시작한 뒤에도 앓았다 회복하기를 반복하며 병원 신세를 질 때가 많았다. 그렇다 보니 스스로 그렇게 오래 살 수 있으리라고 생각하지 않았는데, 제2차세계대전이 끝난 뒤 정신없이 일할 수밖에 없던 시기를 거치면서 어느덧 앓아눕는 일이 줄어들더니 놀랄 만큼 건강한 몸이 되었다.

그리고 90세가 된 지금도 건강하게 이런저런 일을 하고 있다. 생각해 보면 참으로 고마울 따름이다. 이것은 역시 내가 그런 수명을 부여받고 태어났거나 그런 운명을 타고났다는 의미이리라.

이와 관련해서 떠오르는 기억이 있다. 지금으로부터 34~35년 전, 그러니까 내가 55~56세였을 때였다. 어떤 사람의 권유로 점을 치는 사람을 찾아가 손금 점을 본 적이 있다. 당시는 패전 직후의 혼란이 다소 진정되고 있었다고는 하지만 여전히 사회 정세가 어지러운 시기였고, 나 또한 그런 가운데 회사를 재건하려 했지만 갖가지 제약*으로 여의치 않은 상황이었기에 하루하루를 고민 속에서 지내고 있었다. 그런 시기였기 때문일까? 권유를 받자 마음이 동해서 "맞을 수도 안 맞을 수도 있는" 손금 점을 동시에 세 명에게 봤던 것이다.

그랬는데, 그중 한 명이 내 손금을 보자마자 "당신 오래 살 운세군. 무조건 오래 살 거야"라고 장담했다. 다음에 내 손금을 본 사람도 "당신은 일흔이나 여든에 죽을 사람이 아니야"라고 단언했고, 마지막 사람도 "당신 같은 손금은 지금까지 본 적이 없네. 오래 살겠어"라고 말했다. 세 명이 전부 내가 오래 살 것이라고 보증한 것이다.

앞서 말했듯이 젊을 때에 비하면 오히려 건강해진 것 같다고 느끼기는 했지만, 그 점쟁이들의 말이 너무나도 뜻밖이어서 기쁘다기보다 어안이 벙벙했다. 그런 예언을 들은 것은 틀림없이 기쁜 일이었지만, 도저히 믿기지 않았던 것이다.

그때 친구 두세 명도 나와 같이 손금 점을 봤는데, 그 친구들에게는 조건이 따라붙었다. 점쟁이들은 그것을 "당신은 여기가 마쓰시타 씨하고 달라서…"라든가, "이 부분이 마쓰시타 씨에 비해서 좋지 않아서…" 같이 내 손금을 예로 들어 설명했다.

그리고 놀랍게도 그 친구들은 이후에 다들 나보다 먼저 세상을 떠났다. 나는 딱히 손금을 믿지는 않지만, 그때 같이 점을 봤던 친구들의 부고를 들을 때마다 일종의 복잡한 심정이 들며 왠지 그 점쟁이들의 말을 믿고 싶어졌다.

그런 일도 있어서 나는 내가 지금까지 오래 살 수 있었던 게 그런 수명을 부여받고 태어난 덕분이라며 감사하고 있지만, 인간의 수명은 기본적으로 인간의 지혜를 초월한 것이기에 자신이 몇 살까지 살 수 있을지는 아무도 알 수 없다. 그런 의미에서 인간의 수명은 이른바 천명天命이자 천수天壽라고 말할 수 있을 것이다.

하지만 그렇다고 해서 수명이 전면적으로 천수나 천명에 따라서 결정되는가 하면 반드시 그렇지는 않다고도 생각한다. 여기에는 어느 정도 인간의 힘이랄까 노력에 따라서 결정되는 측면도 포함되어 있는 게 아닐까? 말하자면 인명人命, 인수人壽라 말할 수 있는 부분도 수명에 포함되어 있을 듯하다.

운명에 관한 항목(21쪽)에서도 말했지만, 나는 우리 인생의 80퍼센트 내지 90퍼센트는 하늘의 섭리에 따라서 결정되는 것이 아닐까 생각한다. 하지만 인간의 몫인 나머지 10퍼센트에서 20퍼센트를 어떻게 다루느냐에 따라서 그 운명에 광채를 더할 수 있다고 생각하는데, 우리의 수명도 마찬가지가 아닐까 싶다. 요컨대 인간의 수명 가운데 90퍼센트 정도는 천수이지만 나머지 10퍼센트 정도는 인수이며, 그러므로 인간의 행동에 따라서 어느 정도는 수

명이 늘거나 주는 측면이 있지 않느냐는 것이다.

그렇다면 문제는 인간에게 주어진 천수가 어느 정도냐는 것이다. 이에 관해서는 몇 년 전 중국에 갔을 때 만난 사람들에게서 "중국에서는 인간 수명을 160세라고 여기기 때문에 그 절반인 80세를 반수半壽라고 합니다"라는 이야기를 들었다. 또 어떤 과학책에는 "수명을 줄이는 온갖 장해물을 없애서 수명을 온전히 다 산다면 인간은 150년에서 200년까지는 살 수 있지 않을까?"라고 적혀 있다고도 한다. 또 일본에서 가장 장수한 사람은 124세까지 산 남성이라는 이야기도 들었다.

그런 이야기들을 바탕으로 생각해 봤을 때, 나 또한 지금까지 장수한 것에 감사하면서 더욱 노력한다면 아직 수명을 더 연장할 수 있지 않을까 싶다. 그래서 사실은 작년에 달력 나이로 90세가 된 것을 계기로 일본의 장수 신기록에 도전해 보자고 결심했다. 그러려면 목표를 130세 정도로 잡고 항상 스스로를 격려하고 의욕을 불태우면서 하루하루 해야 할 일에 몰두해야 한다고 생각해서, 내 나름대로 노력 중이다.

이 목표를 어디까지 달성할 수 있을지는 물론 알 수 없다. 하지만 알 수 없으면 알 수 없는 대로 어쨌든 열심히, 희망과 용기를 갖고 인생을 살아가는 것이 내가 타고난 수명을 최대한으로 살리는 길이며, 그 길을 걷는 것이 나의 소임이기도 할 것이다.

2부

일에서
지혜를
되새기다

어떻게 일해야 하는가

지금 산업계는 어제까지 시대의 첨단을 걸었던 지식과 기술이 오늘은 과거의 유물이 되어 버리는 일이 적지 않을 만큼 급격하고 눈부신 발전을 이루고 있다. 게다가 그 변화는 향후 더더욱 빠르고 커질 것이다. 이에 따라 비즈니스맨과 직장인들에게는 이처럼 시시각각 발전하는 시대에 충분히 적응할 수 있도록 끊임없이 자신을 갈고닦는 노력이 요구되고 있다.

이것은 어떤 측면에서 힘들다면 힘든 일이며, 어렵다면 어려운 일이다. 하지만 자진해서 그런 과제에 의욕적으로 몰두해 실력 향상을 꾀할 때, 일에 대한 보람, 삶에 대한 보람도 한층 커지는 것이 아닐까?

일이라는 것은 본래 굉장히 오묘해서, 하면 할수록 맛이 풍부해진다. 즉, '내가 생각해도 오늘 하루 참 열심히 일했어'라고 자신을 칭찬해 줄 수 있을 만큼 최선을 다해서 일에 몰두하는 나날이 거듭될 때, 비로소 자신의 실력이 향상되고 일의 성과도 높아진다. 또한 그 일을 통해서, 기업의 활동을 통해서 사람들에게 도움을 줄 수 있게 되면 직장인으로서 기쁨과 삶의 보람 같은 것을 더욱 풍부하게 맛볼 수 있다.

이 책은 기업에서 일하는 직장인들에게 중요하다고 생각되는 몇 가지 마음가짐을 정리한 것이다. 내가 지금까지 회사 생활을 하는 가운데 기회가 있을 때마다 생각하고 또 직원들에게도 이야기한 것들인데, 하나같이 평범하다면 평범하고 당연하다면 당연한, 지극히 기본적인 내용이라고도 말할 수 있다. 하지만 지금 같은 격동의 시대일수록 이런 기본적인 마음가짐을 착실히 실행하는 것은 더 중요하다. 그런 의미에서, 내 나름의 경험이 하루가 다르게 발전하는 산업계에서 활동하는 여러분의 자기 계발에, 그리고 충실한 인생을 손에 넣기 위한 힘찬 업무 수행에 조금이라도 도움이 되었으면 한다.

또한, 직장인의 마음가짐으로서 중요한 것은 이 책에서 제시한 것 이외에도 여러 가지가 있을 것이다. 앞으로 국내, 나아가 세계경제를 힘차게 뒷받침할 사람으로서 실력을 키우는 과정에서 그런 것들도 함께 읽어 준다면 참으로 기쁠 것이다.

1981년 8월

마쓰시타 고노스케

제 1 장

회사에
첫발을 디딘
사람들에게

운명이라 각오하면
때로 힘이 된다

●

신입 사원으로 회사에 입사하면 먼저 다른 무엇보다도 '내가 이 회사에 입사한 것은 하나의 운명'이라는 각오를 가지는 것이 좋다.

학교를 졸업하고 취직할 때는 저마다 부모님이나 선생님, 선배 등과 의논하면서 자신이 지망할 회사를 결정했을 것이다. 또한 회사는 회사대로 '이런 사람이 필요'하다는 생각에서 채용을 결정한다. 요컨대 쌍방의 의향이 일치했기에 입사가 실현되었다고 말할 수 있다.

그런데 때로는 그 회사에서 일하고 싶어 하는 사람이 이런저런 사정으로 그 바람을 이루지 못하는 경우가 있다. 또 회사에서 '부디 이런 사람이 와 줬으면 좋겠다'라고 생각하는 사람이 사정으로 인해 그렇게 되지 못하는 경우도 있다. 이런 점을 생각하면, 회사 입사란 일단 그 회사를 지망하는 사람과 회사 쌍방의 의향이 일치한 결과이지만, 단지 그것으로 끝이 아니라 쌍방의 의향이 일치해 서로 연결되도록 눈에 보이지 않는 거대한 힘이 작용한 결과라고 할 수 있지 않을까? 어쩌면 하나의 운명이라고도 볼 수도 있다.

예를 들면, 나는 이 일본이라는 나라에서 태어나 일본인으로 성장했으며 앞으로도 일본인으로서 활동하게 된다. 이것이 내 의지로 그렇게 된 것인가 하면 그렇지는 않다. 내가 일본인으로서 태어난 데는 내 의지를 초월한 소위 운명이라고도 말할 수 있는 거대한 힘이 작용했다고 말할 수 있을 것이다.

이와 마찬가지로, '내가 이 회사에 입사해 일하게 된 것은 어떤 측면에서 나 자신의 의지이기는 하지만, 그 이상으로 그렇게 될 운명을 타고났던 거야'라고 생각할 수 있지 않겠느냐는 말이다.

젊은 사람들 중에는 운명이라는 말에 반감을 느끼는 사람도 있을지 모른다. 하지만 만약 그렇게 생각할 수 있다면 이후의 회사 생활에 매우 큰 힘이 될 것이다.

신입 사원으로 입사해서 그로부터 수십 년을 근무하는 과정에서 이런저런 난관에 부딪히기도 하고, 번민에 시달리기도 할 것이다. 특히 책임 있는 자리에 올라서 부하가 늘어날수록 그런 문제를 더 많이 겪게 될 것이다. 이것은 우리가 일을 하는 이상 피할 수 없는 문제다. 다만 그럴 때 얼마나 크게 고민하고 괴로워하는지가 관건이다. 그 정도에 따라서는 고민과 난관에 굴복할 수도 있으며, 반대로 고민과 난관을 극복하고 더 크게 성장할 수도 있다.

그럴 때 내가 지금 언급한 일종의 운명관 혹은 각오를 어느 정도 지니고 있는지가 매우 중요해진다. '이건 내 운명이야'라고 각오할 수 있으면 동요하지 않게 되며 강한 신념이 생겨난다. 그렇게 되면 그때까지 난관이라고 생각했던 것에 대해 '아니야. 이 일은 내가 성장하는 과정에서 하나의 플러스가 되어 줄 거야'라는 마음가짐으로 임할 수도 있을 것이다. 바로 그런 사람이 어떤 난관에 부딪히더라도 헤쳐 나갈 수 있는 사람, 이른바 중대한 일에 직면했을 때 도움이 되는 사람이 되지 않을까?

이처럼 중대한 일에 도움이 되는 사람이 될 수 있을지 없을지를 결정하는 중요한 열쇠 중 하나는 회사에 입사한 것의 의미를 어떻게 생각하느냐, 바꿔 말하면 그것을 운명이라고 각오할 수 있느냐가 아닐까 생각한다.

회사를 신뢰한다

●

신입 사원에게 없어서는 안 될 중요한 마음가짐 중 하나는 회사를 신뢰하는 것이라고 생각한다.

다소 예비지식이 있었다 한들, 갓 입사했을 무렵에는 회사 상황도 아직 충분히 알지 못할 것이며, 일에도 익숙하지 않고 선배도 하나같이 모르는 사람들이기 때문에 왠지 불안감이 느껴질 때가 적지 않을 것이다. 하지만 기본적으로는 회사를 신뢰하고 안심감을 느끼며 일에 몰두해야 한다.

회사든 선배든, 신입 사원이 잘못되기를 바라는 마음은 조금도 없다. 오히려 매우 큰 기대를 품고 신입 사원을 받아들이며, 잘되기를 바라는 마음에서 이것저것 가르쳐 주고 주의도 주는 것이다. 실제로 회사라고 할까, 경영자는 신입 사원이 성장하기를 애타게 고대하면서 지켜본다. 단순히 고대하면서 지켜보기만 하는 것이 아니라 그 사람을 성장시키겠다는 열의를 품고 진지하게 노력한다. 기껏 입사한 신입 사원이 그저 타성에 젖어서 일하며 하루하루를 보낸다면, 그 신입 사원 스스로도 따분하겠지만 회사는 그 이상으로 견디기 힘든 고통을 느낀다. 어떤 회사든 신입 사원이 오늘보다 내일, 내일보다 모레, 하루하루 조금씩 성장해 주기를 바라며 그렇게 만들고자 노력을 아끼지 않는다. 만약 그런 노력을 게을리한다면 회사로서 책임을 다하고 있지 않은 것이며, 그래서는 회사 자체도 발전하기 어려울 것이다.

이것은 결국 세상이 회사에 그렇게 해 주기를 바란다는 뜻이다. 회사는 일반 대중, 국가, 더 넓게는 세계로부터 다양한 요망과 기대를 받고 있으며, 그 요망과 기대에 부응하려면 경영자는 물론이고 신입 사원을 포함한 모든 직원이 하루하루 성장해 나가야 한다. 이것이 필수 조건이다.

수많은 회사, 수많은 선배 중에는 물론 예외도 있을 것이다. 하지만 기본적으로 신입 사원이 직원의 성장을 바라는 회사라는 곳을 신뢰하고 '나도 좋은 직원으로 성장해서 회사의 업무를 통해 사회에 봉사하자'라고 마음먹는다면 결국 그 스스로에게 플러스가 될 것이다.

성공의 비결

●

미래에 반드시 중역이 될 수 있다고 말하는 건 조금 과할지라도, 적어도 부장은 틀림없이 될 수 있는 비결이 있다. 그 비결은 입사 첫날에 회사에서 퇴근해 귀가했을 때 가족에게 어떻게 보고하느냐에서 시작된다.

처음 회사에 출근한 날에는 입사식이 열리고 사장이나 간부의 훈시가 있을 것이다. 이때 회사나 근무에 관한 설명도 해 줄 것이다. 그런 것을 듣고 집으로 돌아가면 보통 가족들이 "회사는 어땠니?"라고 물어볼 텐데, 나는 그

때 어떻게 보고하느냐가 매우 중요하다고 생각한다. "그다지 마음에 안 드는 회사였어요"라고 말하면 부모님은 크게 걱정하실 것이다. "아직 잘 모르겠어요"라고 말해도 역시 걱정이 남을 것이다. 하지만 "아직 자세히는 모르지만, 오늘 대표님하고 간부들의 이야기를 들어 보니 왠지 좋은 회사 같다는 생각이 들어요. 만족하면서 일할 수 있을 것 같아요. 이 회사에서 열심히 일해 보고 싶어요"라고 힘찬 말투로 보고한다면 부모님도 "그거 참 다행이구나. 열심히 일해 보렴" 하고 기뻐하며 안심하실 것이다. 그런 보고를 할 수 있느냐 없느냐가 성공으로 향하는 첫 번째 관문이다.

별것 아닌 것 같지만, 나는 그런 말을 하지 못하는 사람은 성공하기 어렵다고 생각한다. '그런 말 굳이 안 해도 부모님은 다 아실 거야'라고 생각해서는 절대 안 된다. 자신이 따분한 회사에 들어왔다고 진심으로 생각한다면 몰라도, 예상과 크게 다르지 않다면 '마음이 놓이네. 열심히 일하자'라는 의지를 먼저 말로 표현하고 그 말을 제일 먼저 부모님에게 해야 한다. 나는 그런 마음가짐에서 모든 것이 만들어진다고 생각한다.

그렇게 근무를 시작하면 이윽고 친구들도 만나게 된다. 아마도 친구들 역시 "다니는 회사, 어때?"라고 물어볼 것이다. "정말 좋은 회사에 들어간 것 같아서 기분이 좋아. 이런 점이 마음에 들어", "그 회사가 그렇게 좋아?", "응. 나는 평생 이 회사에서 일할 생각이야" 이렇게 대답하면 친구들도 '저 녀석, 좋은 회사에 들어갔구나'라고 생각하게 된다. 친구들도 똑같이 생각하게 되는 것이다.

또 친척 집에도 가게 될 텐데, 그때도 똑같이 이야기한다. 그러면 "네가 다니는 회사는 뭘 만드는 곳이니?", "저희 회사는 이런 것을 만듭니다", "그렇군. 그렇게 좋은 회사라면 다음부터는 너희 회사에서 만든 것을 써야겠구나"라는 식으로 대화가 진행되기도 할 것이다. 그 사람의 언동이 가족, 친구, 지인의 머릿속에 회사에 대한 좋은 인상을 남기는 것이다. 그것이 사람에게서 사람에게로 전해져서 회사의 평가가 높아지고, 판매량이 늘어난다. 세상이라는 곳에는 그런 측면이 있다.

그런데 그런 간단한 것을 하지 않는 사람이 의외로 많

다. 오랫동안 다른 회사의 직원들을 많이 만났는데, "저희 회사는 재미가 없습니다" 같은 불평을 하는 사람은 많이 봤어도 "굉장히 좋은 회사입니다. 저는 이곳에서 열심히 일할 생각입니다"라는 말을 하는 사람은 별로 없었다. 하지만 시종일관 불평불만을 하는 태도에서는 절대 건설적인 것이 생겨나지 못한다.

그런 까닭에 회사를 칭찬하는 태도, 마음가짐을 시종일관 유지하는 사람은 어떤 회사에서든 반드시 주목받는다. 회사는 그런 사람을 절실히 원하기 때문이다. 대체 그런 사람이 아닌 누구를 부장, 중역으로 등용하겠는가? 그런 사람은 본인이 애쓰지 않아도 중역의 자리에 오를 수 있지 않을까 생각한다.

한 번 속은 셈 치고 실행해 보길 바란다.

이해심이 없는 상사

•

 신입 사원은 누구나 처음에는 상사나 선배에게 일을 배운다. 그리고 당연한 말이지만 상사나 선배 중에는 다양한 사람이 있다. 인격적으로나 일솜씨의 측면에서나 굉장히 훌륭하고 친절하며 문자 그대로 가려운 곳을 긁어 주는 지도를 해 주는 사람이 있는가 하면, 반대로 인품도 조금은 아쉽고 지도도 잘 못하는 사람 또한 있을 테다.
 그렇다면, 어떤 상사나 선배를 만나는 편이 좋을까?
 상식적으로 생각하면 당연히 훌륭한 선배를 만나는 게

좋을 것이다. 이것은 일에 국한된 이야기가 아니다. 무엇이든 좋은 지도자, 스승에게 배우면 기술이 향상된다. 그래서 다들 스승을 고르는 것이 중요하다고 말하며, 나 또한 동의한다. 매우 잘 지도하는 선생, 세상 사람들이 '정말 좋은 스승'이라고 말할 법한 이해심 있는 사람에게 배우는 것은 참으로 바람직한 일이라고 생각한다.

하지만 반면에 그런 곳에서는 이른바 '명인'이 나오기 어렵다는 생각도 한다. 스승이 좋으면 아무래도 스승의 방식대로 하게 되기 때문에 일정 수준까지는 똑같이 발전하지만, 그 이상 획기적인 것은 만들어지기 어려운 측면이 있다.

그런 점에서는 오히려 굉장히 이해심이 없다고나 할까, 비상식적이라고 말할 수 있는 스승 밑에서 수업을 쌓은 사람 중에서 명인으로 불리는 사람이 나오는 경우가 많은 듯하다. 당연히 칭찬받아 마땅한 것에 대해서도 호된 질책을 받는다. '도저히 못 참겠어. 때려치우자'라는 생각도 수없이 한다. 하지만 그래도 꾹 참고 견뎌낸 결과 무엇인가 스스로 터득한 사람 중에서 스승을 뛰어넘은 명인이 나타나는 것이리라. 이것은 매우 재미있는 지점이라고 생각하는데, 그 또한 인간의 묘미라고 말할 수 있지 않을까 싶다.

요컨대 이해심 있는 훌륭한 선배를 만난 사람은 그 또한 좋은 일이므로 기뻐하면 되겠지만, 언뜻 이해심이 없어 보이는 선배를 만난 사람이라도 '이것은 내가 명인이 될 기회야'라고 적극적으로 받아들인다면 어떨까? 이런 태도에 자신을 크게 성장시킬 길이 있는 것은 아닐까?

회사의 역사를 안다

●

우리가 이 나라에서 살아가려면 이 나라의 역사, 전통을 아는 것이 중요하다. 나라가 어떻게 건국되었고 어떤 과정을 거쳐서 오늘에 이르렀느냐는 역사를 알 때 비로소 한 국가의 국민으로서 지금을 어떻게 살아야 할지, 또 이 곳을 미래에 어떤 나라로 만들어 나가야 할지 등에 관해서도 더 곰곰이 생각할 수 있을 것이다.

그리고 이것은 회사에 대해서도 마찬가지다. 회사에 입사해 열심히 일하고자 한다면 역시 먼저 그 회사의 역사를 알아야 할 것이다. 현재 매우 크게 번성하고 있는 회사라도 결코 처음부터 그런 모습은 아니었을 것이다. 가령 창업 30년을 맞은 회사라면 30년 전에는 형체조차 없었을 테니 말이다. 그랬던 것을 어떤 개인이나 혹은 몇몇 사람이 뜻을 세워서 회사를 설립하고 그 후 오랜 세월에 걸쳐 그때그때 경영자와 사원들이 노력을 거듭해 오늘날과 같은 모습을 이루어 낸 것이다.

규모라든가 기간의 차이는 있을지언정 모든 회사가 이런 역사를 갖고 있다. 회사원으로서의 첫걸음은 회사의 역사를 인식하는 것에서부터 시작됨을 알았으면 한다. 과거도 모르면서 무엇을 할 수 있겠느냐고 말하면 조금 극단적으로 들릴지 모르지만, 회사의 역사나 선배의 경험은 그렇게 말해도 될 만큼 귀중하다.

물론 실제로 하루하루 일할 때는 계속해서 더 새롭고 더 좋은 물건을 만들어 나가는 것이 중요하지만, 이 또한 과거의 역사라는 기초 위에 섰을 때 비로소 충분히 가능해지는 것 아닐까?

신입 사원들도 1년이 지나고, 2년이 지나고, 5년, 10년이

지나면 이제 젊은 사람들을 지도하는 처지에서 일하게 되는데, 후배를 지도할 때의 신념은 어디에서 생겨날까? 이것 역시 그 회사의 과거 역사를 잘 아는 것을 통해서 배양되는 측면이 있지 않을까 싶다.

  그런 의미에서, 회사에 들어갔다면 먼저 회사의 역사와 선배의 귀한 경험을 다양한 형태로 공부해서 흡수해야 하는 것이다.

예의범절은 윤활유다

●

"요즘 젊은 친구들은 예의를 몰라"라는 이야기를 가끔 듣는데, 직장에서도 그런 이야기가 종종 나오는 모양이다.

이것은 제2차세계대전 이후 가정이나 학교에서 예의범절이나 교양에 관해서 거의 가르치지 않게 된 것이 큰 원인 중 하나가 아닐까 생각된다. 물론 예의범절이 철저히 몸에 배어 있는 젊은이도 적지 않을 것이다. 다만 요즘은 교사와 학생이 친구처럼 지내는 것을 바람직하게 여기는 사고방식도 일부 존재하는 듯해서, 예의범절을 모르는 채로 사회인이 된 젊은이가 늘어나고 있는 것 또한 사실이 아닐까 싶다.

물론 사회생활에서는 당연히 제대로 된 예의범절이 요구된다. 그리고 이것은 그때까지 그런 것에 비교적 둔감했던 젊은 신입 사원들에게는 조금 고루하게 느껴질지도 모른다.

하지만 그렇게 느끼는 젊은이가 예의라고는 전혀 없이 방자하게 행동하는 사람을 만난다면 무슨 생각이 들까? 이 점을 생각하면 예의범절의 필요성에 관해서는 모두가 인정할 것이다.

나는 예의범절이 결코 고루한 것도, 그저 형식에 불과한 것도 아니라고 생각한다. 그것은 요컨대 사회생활의 '윤활유' 같은 존재라고 말할 수 있지 않을까?

기계와 기계가 맞물려서 요란하게 돌아갈 때, 윤활유가 없으면 마찰이 일어나서 불꽃이 튀며 기계는 금방 망가져 버린다. 이와 마찬가지로 사람과 사람 사이에도 윤활유가 필요하다는 것이 나의 생각이다.

성별이나 연령, 사고방식 등 다양한 측면에서 서로 다른 사람들이 모여 일하는 곳이 직장이다. 따라서 그런 사람들이 원만함을 유지하면서 지장 없이 일하려면 역시 윤활유가 필요한데, 예의범절이 그 윤활유의 역할을 한다.

예의범절에는 당연히 마음이 담겨 있어야 하지만, 그저 마음속에서 생각하기만 해서는 윤활유가 될 수 없다. 그 마음이 상대에게 전해지도록 구체적인 형태로 표현할 때 비로소 윤활유로서 역할을 하게 된다. 그런 마음과 형태라는 양 측면이 조화를 이룬 적절한 직장의 예의범절을 한시라도 빨리 익히는 일은 신입 사원으로서 일하는 데 매우 중요하다.

건강관리도 업무의 일환

•

회사 생활을 할 때 누가 뭐래도 중요한 것은 건강, 그것도 몸과 마음 양쪽의 건강이다. 아무리 뛰어난 재능을 지녔더라도 건강이 나빠지면 충분히 일할 수 없으며, 그 재능도 활용되지 못한 채 끝나고 만다. 실제로 나는 오랫동안 사업을 경영해 오면서 앞날이 촉망되던 젊은이가 병 때문에 뜻을 제대로 이루지 못하고 쓰러지거나 일에서 멀어지게 되는 경우를 자주 봤다. 이것은 회사에도 당연히 손실이지만, 무엇보다 그 자신에게 큰 불행이다.

그렇기에 어떤 회사든 직원의 건강을 유지하고 나아가 증진코자 여러 가지 배려를 하고 있을 텐데, 이와 동시에 직원 본인도 이런저런 방법을 궁리해 자신의 건강을 유지 혹은 높여 나가야 한다.

건강하기 위해서 필요한 것으로는 영양이라든가 휴식, 그리고 적당한 운동 등 여러 가지가 있겠지만, 특히 중요한 것이 마음가짐이다. 예로부터 "병은 마음에서 온다"라고 했는데, 나는 실제로 그런 측면이 다분하다고 생각한다.

사람은 마음이 설레면 어지간해서는 피곤해지거나 병에 걸리지 않는다. 취미나 스포츠를 즐기는 사람은 종종 경험하겠지만, 그 일에 열중하고 있으면 다른 사람들이 볼 때는 굉장히 피곤할 것 같지만 본인은 오히려 상쾌함을 느끼는 경우가 있다. 마음이 설레고 있기에 전혀 피곤하지 않고 혹은 피곤하더라도 그것을 피곤함으로 느끼지 않는 것이다.

일의 경우도 마찬가지여서, 일에 목숨을 걸 만큼 열의를 품고 몰두하는 사람은 조금 바쁘더라도, 때로는 철야 작업을 하더라도 그렇게 피곤하다고 느끼지 않으며 병에도 걸리지 않는다. 반대로 무의식중에 재미없다고 느끼면서 일하면 병이 그 마음의 틈새를 파고든다. 그런 모습을 실제로 자주 보고 들었다.

물론 인간의 체력에는 한계라는 것이 존재한다. 아무리 마음이 설레서 피곤한 줄 모르겠다는 사람도 도를 넘어서면 과로 상태에 빠질 수 있으니 그 점은 당연히 주의해야 한다.

어쨌든, 건강관리도 업무의 일환이라고 생각하고, 기본적으로는 설레는 마음으로 일에 몰두하는 가운데 각자의 방식으로 건강을 소중히 여겼으면 하는 바람이다.

적극적으로 제언하자

●

신입 사원은 선배에게 교육과 지도를 받으면서 점점 일을 익혀 나간다. 그때 선배의 이런저런 가르침을 귀 기울여 듣고, 모르는 부분이 있으면 그대로 넘어가지 말고 질문하면서 하루라도 빨리 일을 배우고자 해야 발전한다. 그렇게 해서 한 사람 몫을 해내는 사원으로 성장해 나가야 한다.

하지만 신입 사원이라고 해서 그저 일방적으로 배우기만 해도 되는가 하면, 나는 그래서는 안 된다고 생각한다. 신입 사원은 신입 사원대로, 선배를 가르친다고 하면 어폐가 있을지도 모르지만, 일상의 업무 속에서 자신이 깨달은 점을 이것저것 제언해야 한다는 것이 나의 생각이다.

물론 '나는 신입 사원이고 제일 후배인 데다가 일에 관한 지식도 경험도 없어. 그러니까 제언을 한다는 건 주제넘은 짓이야. 그저 선배님의 말씀대로만 하면 돼'라는 것도 완전히 잘못된 생각은 아니다. 하지만 나는 특히 일에 관해서는 그런 겸손함이 필요 없다고 생각한다. 회사를 더 발전시켜 나가자는 뜻을 품고 있는 이상은 사장도 일개 신입 사원도 본질적으로 모두 평등하다고 생각한다.

선배 사원은 경험도 많고 그 업무에 관해서 잘 알고 있을 것이다. 하지만 그런 까닭에 오히려 선입견에 사로잡혀 현재의 상황을 당연하게 생각한 나머지 개선해야 할 점을 깨닫지 못하는 측면도 있다. 반면에 신입 사원은 모든 것을 신선한 관점에서 바라볼 수 있기에 '이것은 이렇게 하면 더 좋지 않을까?'라고 느끼는 경우도 적지 않을 것이다. 그런 것을 망설이지 말고 제언해 줬으면 하는 것이다.

물론 그것이 정말로 제언할 가치가 있는 것인지는 자기 나름대로 충분히 곱씹어 봐야 한다. 또한 제언할 때는 선배에게 예의를 다하는 것도 잊지 말아야 할 것이다. 하지만 곱씹어 본 결과 역시 중요하다고 생각한 것에 대해서는 적극적으로 제언할 용기를 가졌으면 한다.

그리고 선배나 상사는 신입 사원이 그런 제언을 부담 없이 할 수 있는 분위기를 형성하고, 그중에서 좋은 의견이 있으면 적극적으로 받아들여야 한다. 이것은 신입 사원의 성장을 촉진하는 동시에 회사 자체의 발전으로도 이어질 것이다.

일의 맛을 안다

●

"돌 위에서도 3년"이라는 옛 속담이 있다. 아무리 돌이 차갑다 해도 그 위에 3년이나 계속 앉아 있으면 따뜻해진다는 의미로, 끈기라든가 인내의 중요성을 가르쳐 주는 속담이다. 나는 이 속담이 회사원으로서 일하는 상황에도 적용되지 않나 생각한다.

요즘 젊은이들 중에는 일을 시작하고 한두 달쯤 지나면 그 일이 마음에 들지 않는다든가 자신의 적성에 맞지 않는다면서 다른 일자리를 찾는 사람도 있는 모양이다. 오늘날에는 여러 가지 새로운 직종이 생겨났기에 그와 같이 자신의 적성에 맞는 직업을 찾는 것도 나름 좋은 일이며, 무작정 잘못이라고는 말할 수 없을 것이다. 하지만 어떤 일이든 그것이 정말로 자신의 적성에 맞는지 파악하는 것은 사실 그렇게 쉬운 일이 아니라고 생각한다.

그래서 처음에는 따분하게 느껴졌지만 몇 년 정도 그 일에 몰두하다 보니 점점 흥미가 솟아나고, 그렇게 해서 그때까지 자신도 깨닫지 못했던 자신의 적성이라는 것이 개발되는 경우가 얼마든지 있을 수 있다. 요컨대 일이라는 것은 하면 할수록 맛이 나게 된다는 말이다. 그리고 그런 일의 맛을 다소나마 알게 되려면 '돌 위에서도 3년'이라는 속담대로 역시 3년 정도는 필요하지 않을까 싶다.

과거 내가 젊었을 때는 회사에 들어왔다가 금방 그만두는 사람이 지금에 비해 적었다. 여기에는 일의 종류 자체가 그다지 많지 않았다는 이유도 있겠지만, 그 이상으로 선배나 이런저런 사람이 '돌 위에서도 3년'이라는 속담을 이따금 말해 주고 또 본인도 스스로에게 되뇌면서 참고 일하는 사이에 점점 일의 맛, 일의 기쁨을 찾아냈기 때문이 아닐까 싶다.

나는 예나 지금이나 일의 형태는 바뀌었어도 그 본질은 전혀 달라지지 않았다고 생각한다. 그런 의미에서 어떤 일이든 그 일을 하겠다고 결심했다면, 혹은 어떤 인연이 닿아서 그 일을 하게 되었다면 일단 3년은 진득하게 노력하는 자세가 중요할 것이다. 그것은 무엇보다도 자신을 위한 행동으로, 만에 하나 3년 동안 열심히 일했지만 도저히 적성에 맞지 않아서 다른 일을 해야겠다고 결론 내렸다 한들, 3년 동안 진득하게 그 일에 몰두한 경험이 헛수고가 되지는 않는다. 오히려 그 기간 동안 경험하고 체험했던 것이 앞으로 새로운 일을 하는 데 크게 플러스로 작용할 것이다.

회사에 들어가서 한동안은 과연 이것이 자신의 적성에 맞는 일인지 의문이 드는 순간도 있기 마련이다. 그럴 때 "돌 위에서도 3년"이라는 속담을 떠올리며 진득하게 일의 맛을 맛보고자 노력하기를 바란다.

더 많은 가치를 만들고자
노력하자

●

예전에 젊은 직원들에게 대략 다음과 같은 요지의 이야기를 한 적이 있다.

"모두 알다시피, 나는 이 회사의 최고 책임자로서 제일 많은 월급을 받고 있네. 그것이 얼마인지는 말하지 않겠지만, 가령 100만 엔이라고 가정해 보세. 그럴 경우 내가 100만 엔어치의 일을 해서는 회사에 전혀 플러스가 되지 않는다네. 내 생각에 적어도 1000만 엔어치의 일은 해야 이 회사가 유지될 수 있을 걸세. 어쩌면 1억 엔, 2억 엔어치의 일을 해야 할지도 모른다네. 그래서 나는 내가 그 정도의 일을 하고 있는지 자문하면서 내 나름대로 열심히 노력하고 있네.

이것은 자네들도 마찬가지여서, 자네들의 월급이 가령 10만 엔이라면 10만 엔어치의 일만 해서는 회사에 아무것도 남지 않는다네. 그렇게 되면 회사는 주주에게 배당도 할 수 없고, 나라에 세금도 낼 수 없네. 그러니까 자신이 이번 달에 과연 어느 정도 가치가 있는 일을 했는지 항상 자신에게 물어볼 필요가 있네.

물론 이 정도의 일은 하는 것이 타당하다거나 바람직하다고 뭉뚱그려서 말할 수는 없지만, 상식적으로는 10만 엔을 받는 사람이라면 적어도 30만 엔어치의 일은 해야 할 테고, 가능하면 100만 엔어치의 일은 해 줬으면 한다네.

그런 식으로 자신이 한 일을 평가하고 자문자답해서 더 많은 가치를 만들어 내는 일을 하고, 나아가 새로운 경지를 개척해 나갔으면 좋겠네. 모든 직원이 그런 모습을 보여 준다면 매우 큰 힘이 만들어질 걸세."

나는 이런 사고방식이 매우 중요하다고 생각한다. 우리

모두 매일 열심히 일하고 있다. 하지만 그저 열심히 일하면 그것으로 충분한 것은 아니다. 그 일을 한 결과가 어떤 성과로서 나타나 회사에 플러스로 작용하고, 나아가 사회에 공헌할 때 비로소 자신이 한 일이 가치를 지니게 된다.

물론 세상에는 다양한 일이 있으며, 구체적인 액수로 평가하기 어려운 일도 존재할 것이다. 하지만 역시 자문자답하면서, 또 때로는 다른 사람에게 가르침을 청하면서 평가의 기준을 찾고 더 많은 가치를 만들어 내고자 하는 노력을 매일 계속해 나가야 한다.

회사는 공공의 것이다

●

신입 사원은 저마다 자신의 목적이랄까 동기를 갖고 회사에 입사한다. 일을 통해서 자신의 지식이나 기능, 특색 같은 것을 살려 나가고 싶은 사람도 있을 테고, 외국에서 활약하고 싶어 그 꿈을 이룰 수 있는 회사를 선택한 사람도 있을 것이다. 혹은 부장이나 중역, 나아가 사장을 목표로 입사한 사람도 있을 것이고, 자신은 오로지 생활의 질을 높이기 위해 일한다는 사람도 있을지 모른다.

이처럼 사람마다 다양한 목적이 있을 것이며 그 자체에

는 문제가 없다. 다만 어떤 목적을 가졌든 이것만큼은 명확히 인식해 두기를 바란다.

그것은 자신이 하는 일이 지니고 있는 의미, 나아가 그것을 포함한 회사의 존재 의의에 관한 인식이다. 요컨대 일이든 회사든 결코 사적인 것, 즉 나의 것이 아니며 전부 공공의 것이라는 인식이다. 일은 공사公事, 회사는 사회의 공기公器인 것이다.

회사의 사업이라는 것은 세상과 대중을 떠나서는 성립하지 않는다. 직간접적으로, 또 다양한 형태로 사회와 연결되어 있다. 그래서 회사가 좋은 활동을 하느냐 나쁜 활동을 하느냐에 따라 세상 사람들에게 좋은 결과를 가져다주거나 나쁜 결과를 가져다주게 되는 것이다. 만약 나쁜 결과를 가져다주고 있다면 그 회사의 존재는 사회에 마이너스이며, 오히려 없는 편이 더 낫다. 세상 사람들에게 좋은 결과, 플러스의 결과를 안겨줄 때만 그 사업은 존재 가치가 있다고 말할 수 있을 것이다.

그리고 이것은 그 회사를 형성하고 있는 사원 한 사람 한 사람이 하는 일도 마찬가지다. 그러므로 '이것은 내 일이니까 내 마음대로 해도 돼'라는 생각은 용납되지 않는다. 자신의 편의만을 기준으로 일을 생각하고 실행해서는 안 되는 것이다. 자신의 일거수일투족이 전부 회사를 통해서 사회와 연결되어 있다는 자각과 책임감을 느끼면서 일할 것이 요구된다.

물론 지위가 높은 사람일수록 이것을 강하게 자각해야 하지만, 신입 사원도 사회의 공기인 회사의 한 구성원인 이상 모두 그런 공통 인식을 가져야 할 것이다.

제2장

리더가 된
사람들에게

내 일은
내가 경영한다는 태도

●

회사에서 일하는 회사원의 마음가짐으로서 내가 기회가 있을 때마다 강조해 온 것이 있다. 회사에서 월급을 받고 일한다는 이른바 월급쟁이의 사고방식에서 한발 더 나아가, 자신이 독립적으로 일을 하는 사업주라고 생각해 보는 게 어떻겠느냐는 것이다. 요컨대 회사에서 일하고 있는 사람이 모두 특정 사업의 경영자로 스스로를 생각하는 것이다. 가령 경리 업무를 보고 있는 사람이라면 '비록 직원은 나 혼자뿐이지만, 나는 이 회사 내부에서 회계와 경리라는 하나의 사업을 운영하고 있는 경영자'라는 의식을 갖고 자기 일에 몰두해 보라는 말이다.

그렇게 하면 무슨 일이 일어날까? 자기 사업을 경영한다고 생각하면 그 사업을 어떻게든 발전시키려고 이런저런 궁리를 짜낼 것이다. 물론 그 궁리가 성공적이어서 업무에 성과를 낸들 갑자기 수입이 늘어난다든지 급여가 오르지는 않는다. 하지만 그 급여를 단순히 급여가 아니라 자신이 사업을 경영하는 것에 대한 보수라고 해석하면 자신이라는 존재가 상당히 크게 부각되면서 새로운 보람과 기쁨을 느끼며 일상의 업무에 몰두할 수 있게 되지 않을까 생각한다.

가령 자신이 사업의 주인공이라고 생각하면 주위의 동료나 상사는 모두 자신의 사업을 성립하게 해 주는 고객, 단골 거래처가 된다. 그렇다면 단골 거래처에는 서비스를 해 줘야 한다. 요즘은 상점에 물건을 사러 가면 "늘 이용해 주셔서 감사합니다. 이건 어떠신가요?"라며 상품을 추천해 준다. 때로는 "그렇게 서 계시지 말고 여기 앉으세요"라며 의자를 가져다주기도 할 것이다. 동료나 상사에게도 이와 같은 행동을 적극적으로 해 보는 것이다.

이런저런 창의적인 아이디어를 생각해 내서 동료에게, 과장에게, 부장에게, 때로는 사장에게도 사용해 보도록 권한다. 그럴 때, 일반적인 장사라면 "이거 진짜 좋은 제품입니다. 정말로 손님을 생각해서 권해 드리는 겁니다"라며 성심성의를 다해서 설득할 것이다. 그런 마음으로 동료를 대하고 부장을 대한다면 "그렇게 좋은 아이디어인가? 그렇다면 한 번 채용해 볼까?"라며 자신의 아이디어를 채용해 주기도 할 것이다.

그렇게 되면 자신의 사업이 점점 발전하여, 일을 하는 기쁨도 맛볼 수 있다. 게다가 그런 모습이 그 사람 한 명이 아니라 사내 전체로 확산된다면 개인과 회사 모두 매우 크게 발전해, 기쁨을 얻을 수 있을 것이다.

일하는 꿈을 꿀 만큼
자신이 하는 일을 사랑한다

●

회사원 중에는 "저는 이런 일을 좋아하고, 적성에도 맞습니다. 그러니 부디 이 일을 시켜 주십시오"라고 소망해서 실제로 그 바람을 이루는 사람도 있을 것이다. 다만 그런 사례는 아마도 그리 많지 않을 것이다. 대개는 회사 쪽에서 "자네, 이 일을 해 주게"라며 일을 맡기는 것이 현실이리라. 이때 회사는 그 사람의 적성을 감안해서 일을 맡겼을 수도 있고, 어쩌면 다른 부분을 고려했을지도 모른다.

나는 어느 쪽이든 그렇게 주어진 자신의 일을 어떻게

받아들이고, 또 어떤 생각으로 임하는지가 매우 중요한 포인트라고 생각한다.

개중에는 회사가 일을 맡겼으니 어쩔 수 없다며 특별한 흥미도 보람도 느끼지 못한 채 아무 생각 없이 임하는 사람도 있을 것이다. 이런 일은 내 적성에 맞지 않으니 다른 일로 바꿔 달라고 말하는 사람도 있을지 모른다. 하지만 나는 기본적으로 그런 행동은 그 사람에게 도움이 되지 않는다고 생각한다.

자신이 하는 일에 흥미를 느끼지 못하면 의욕도 솟아나지 않고, 정신적으로나 육체적으로나 금방 피곤해진다. 그래서는 일의 성과가 오르지 않을 뿐만 아니라 실력도 성장하지 않는다. 게다가 무엇보다도 그런 상태에서 매일 일하는 것 자체가 배우 불행하고 견디기 힘든 일이다.

역시 회사에서 일하는 사람에게 가장 큰 행복은 자신이 맡은 업무에 흥미를 느끼면서 일하는 것이 아닐까 싶다. 여가를 즐긴다든가 취미를 갖는 것도 그 나름대로 중요한 일임에는 틀림없지만, 그런 즐거움도 결국은 일상의 업무가 즐겁고 보람 있을 때 비로소 성립하는 것 같다.

그러려면 역시 개개인이 일에 흥미를 느끼고 몰두하기 위해 노력해야 한다. 가령 회사가 부여한 일을 바꿔 줬으면 하는데 상사가 "이 일은 틀림없이 미래의 자네에게 큰 자산이 될 걸세. 그러니 적어도 1년 동안은 해 보게"라는 식으로 타이르는 경우도 있을 것이다. 그럴 때는 '회사도 뭔가 생각이 있어서 이 일을 맡겼을 테니까…'라는 생각으로 순순히 받아들이고, '아하, 그런 것이었구나'라고 자기 나름대로 수긍하며 1년 동안 그 일을 해 보는 태도가 중요하다.

그러면서 그 일에 흥미가 샘솟도록 이런저런 궁리를 해 나가면, 그럼에도 도저히 적성에 맞지 않은 경우도 있을지 모르지만, 대부분의 경우는 그런 궁리와 노력 속에서 일에 대한 흥미가 생겨나기 마련이다.

아마도 많은 사람이 평소에 그런 마음가짐으로 일하고 있으리라고 생각하지만, 그래도 가끔은 자신이 얼마나 열심히 그런 노력을 하고 있는지 재차 자문자답해 볼 필요가 있다. 그 결과 그 일을 하는 꿈을 꿀 만큼 자신이 하는 일을 사랑하는 경지에 도달하기를 바란다.

지식에
얽매이지 않는다

자동차왕으로 불렸던 헨리 포드는 "좋은 기술자일수록 불가능함을 뒷받침하는 이론을 알고 있다"라는 말을 남겼다.

포드는 기업을 경영하면서 컨베이어시스템을 비롯해 새로운 아이디어를 속속 탄생시킨 인물인데, 그것을 자신의 공장에서 활용하기 위해 기술자를 찾아가 의논하면 "사장님, 그건 불가능합니다. 이론적으로 생각했을 때 무리예요"라고 말할 때가 많았다고 한다. 특히 뛰어난 기술자일수록 그런 경향이 강해서 난감했다고 술회했다.

나는 포드의 이 말이 하나의 진리를 꿰뚫고 있다고 생각한다.

일본에서도 '인텔리의 약함'이라는 말을 종종 들을 수 있으며, 실제로 우리도 그 말을 한다. 하지만 생각해 보면 인텔리의 약함이라는 것은 이상한 말이다. 충분히 학업을 쌓아 지식을 보유한 사람이 약할 리가 없다. 또한 실제로 세상에는 일정 수준 이상의 지식이 없으면 할 수 없는 일이 더 많다고 느낀다. 그런데도 왜 인텔리가 약하다는 말이 있는 것일까?

나는 결국 그 사람이 자신의 지식에 얽매일 경우 그렇게 된다고 생각한다.

어떤 한 가지 일에 직면했을 때, 그 일에 관한 지식이 그다지 없으면 '어쨌든 일단 해 보자'라는 생각으로 그 일에 몰두하면서 자기 나름대로 열심히 궁리하고 노력할 것이다. 그리고 대부분의 경우는 그것이 상당히 어려운 일이라 해도 이루어 내기 마련이다.

그런데 지식이 있으면 처음부터 '이건 어려워. 도저히 가능할 것 같지가 않아'라고 생각하는 경우가 많다. 이래서는 할 수 있을 것도 하지 못하게 된다. 요컨대 이것은 자신의 지식에 얽매인 모습이라고 말할 수 있을 텐데, 이런 경우가 인텔리의 약함에 해당하지 않나 생각하는 것이다.

이것은 회사원으로서 일할 때도 매우 주의해야 할 점이다. 요즘 젊은이들은 고등학교나 대학까지 진학한 사람이 많은 까닭에 다들 상당한 수준의 학문과 지식을 지니고 있다. 그리고 지금은 사회의 구조도 회사 업무도 복잡해졌기 때문에 젊은 사람들이 높은 학문, 지식을 갖추고 있는 것은 어떤 측면에서 필요한 일이며 좋은 일이라고 생각한다. 다만 그 지식에 얽매이지 않는 것이 중요하다. 너무 머릿속에서만 생각하지 말고, 일단 결심한 다음 실제로 해 본다. 그리고 자신의 지식을 최대한 활용해 그 일을 순조롭게 진행할 방법을 찾아낸다. 이렇게 하면 학문과 지식이 큰 힘이 되어 줄 것이다.

특히 학교를 갓 졸업한 젊은 시절에는 지식에 얽매이기 쉬운데, 이 점을 충분히 명심해서 '인텔리의 약함'이 아니라 '인텔리의 강함'을 유감없이 발휘해 줬으면 한다.

작은 배려는
신뢰의 첫걸음

●

가령 내가 직원에게 "자네, 미안하지만 이 사람에게 전화를 걸어 주지 않겠나? 오늘 오후에 만나기로 약속했는데, 갑자기 급한 일이 생겨 버렸네. 그러니 미안하지만 약속을 내일로 연기했으면 좋겠다고 전화로 이야기해 줬으면 하네"라는 부탁을 했다고 가정하자. 그럴 경우, 다들 "네, 알겠습니다"라면서 전화를 걸어 준다. 그런데 그 후에 "말씀하신 대로 전화를 걸어서 사정을 알렸습니다. 그쪽에서도 이해해 주셨습니다"라고 명확하게 보고하는 사람과 그렇지 않은 사람이 있다. 여러분은 어느 쪽인가?

지극히 사소한 문제처럼 생각되지만, 이 사후 보고를 하는 것과 하지 않는 것에는 매우 큰 차이가 있다. 부탁한 쪽은 아마도 상대의 이해를 얻었으리라고 생각하지만, 그럼에도 결과가 신경 쓰이기 마련이다. 하지만 일이 쏟아져 들어와 바쁜 상황이면 신경이 쓰여도 확인하기가 어려운데, 그럴 때 기회를 봐서 "부탁하신 전화 말씀인데, 그쪽에서도 이해해 주셨습니다"라고 알려 주면 부탁한 쪽은 크게 마음이 놓이는 것이다.

단골 거래처로부터 어떤 용건을 회사의 담당자에게 전해 달라는 부탁을 받았을 때도 마찬가지다. 그 용건을 담당자에게 틀림없이 전했다면 일단 자신의 역할은 다한 셈이 되지만, 그럴 때도 거래처에 연락해서 "사내의 아무개에게 분명히 전했습니다"라고 알린다. 그러면 상대는 보고를 받고 싶은 마음이 없었을 경우라도 크게 안심하며 기뻐한다.

이런 작은 행동이 주위 사람들에게 안심감을 주며, 이를 통해서 그 사람에 대한 신뢰가 조금씩 높아지는 것이 아닐까. '그 사람은 일을 잘하고 신뢰할 수 있는 사람이야'라는 평가는 머리가 좋다든가 일솜씨가 뛰어난 것에도 영향을 받겠지만, 그 이상으로 이런 작은 행동을 통해서 쌓은 신용에 크게 좌우되는 것이다.

어려운 일을 잘하더라도 평범한 배려가 부족한 것은 결코 바람직한 모습이 아니다. 오히려 평범한 배려가 더 중요하며, 그것을 착실히 거듭해 확고한 토대를 만들고 그 토대 위에서 경험이나 지혜, 재능을 살려 나가는 것이 일을 진행하는 바람직한 방식이다.

이것은 단순히 젊은 사원에게만 해당하는 이야기가 아니다. 내 경험상, 가령 한 부서의 책임자 같은 경우도 '신뢰할 수 있는 친구야'라는 생각이 드는 사람은 반드시 철저하게 보고하는 사람이다. 좋은 결과든 나쁜 결과든 보고해 준다. 물론 부서의 운영을 그 사람에게 맡긴 상태인 데다가 부서가 잘 운영되고 있다면 딱히 보고하지 않는다 한들 상관이 없지만, 역시 척하면 척이라고나 할까, 간담상조하는 사이라고나 할까, 이쪽의 기분을 헤아리고 좋은 일이든 나쁜 일이든 보고해 주는 것이리라. 그런 부분이 매우 중요하다.

그런 의미에서, 평범한 배려, 작은 배려를 게을리하지 않는 것이 신뢰를 키우며, 이렇게 신뢰를 쌓는 일은 그 회사에 없어서는 안 될 사람이 되기 위한 첫걸음이다.

평소의 훈련이 중요하다

●

일을 할 때 세심한 배려가 중요하다는 사실은 다들 충분히 이해하고 있지만, 그것을 실제로 원활히 할 수 있는 상태는 하루아침에 만들어지지 않는다.

예전에 용무가 있어서 어떤 회사에 전화를 걸었는데, 전화를 받은 사람이 "사장은 지금 먼 곳으로 출장을 갔습니다. 2~3일 내에는 안 돌아올 겁니다"라고 대답했다. 그래서 어쩔 수 없다 싶어 전화를 끊으려는데, 그 사람이 "아직 끊지 말아 주십시오. 혹시 급한 용무시라면 사장에게 연락해 보겠습니다"라는 것이었다. "연락이 가능한가요?", "네, 가능합니다", "그렇다면 오늘 밤에라도 전화해 달라고 말씀해 주십시오."

그 결과, 정말로 그날 밤에 장거리전화가 와서 생각보다 일찍 그 용무를 끝마칠 수 있었다. 만약 내가 전화했을 때 그 사람이 "사장에게 연락해 보겠습니다"라고 말해 주지 않았다면 그렇게 일을 순조롭게 처리할 수 없었을 것이다.

이것은 언뜻 보면 지극히 사소한, 별것 아닌 행동이다. 하지만 이런 판단을 순간적으로 할 수 있다는 것이 매우 중요한 지점이다. 아마도 그 회사에서는 사장이 평소 사람을 응대하는 법, 전화를 받는 법에 대해 귀에 못이 박히도록 이야기하고 있을 것이다. 그렇기에 부재중에 대신 응대를 맡은 사람도 그에 걸맞은 배려라고나 할까 임기응변의 대처를 할 수 있었던 것 아닐까? 하루가 다르게 변화하는 요즘 세상에서는 고작 하루 차이가 나중에 돌이킬 수 없는 차이를 만들어 내는 경우도 있다. 따라서 이런 세심한 배려는 사소해 보이지만 매우 귀중하다.

이런 것은 설령 머릿속에서는 알고 있더라도 막상 실행

하려고 하면 굉장히 어려운 법이다. 언제 어떤 상황에서든 자연스럽게 행동으로 실행하는 수준이 되려면 역시 평소의 훈련과 교육이 매우 중요하다. 여러분의 직장에서는 그런 교육 혹은 훈련을 얼마나 거듭하고 있는가?

자기 향상은 의무이다

●

우리 회사에서는 1965년에 완전 주 5일제를 단행했는데, 그로부터 반년 정도 지났을 무렵에 나는 직원들에게 다음과 같이 말했다.

"우리 회사가 주 5일제를 실시한 지 반년이라는 시간이 지났는데, 다들 주 2일의 휴일을 어떤 생각으로 보내고 있는지 궁금하군. 하루는 교양을 쌓고 하루는 푹 쉰다거나 하면서 효과적으로 활용하고 있는가? 이틀의 휴일을 허무하게 보내지 말고 심신 양면에서 향상을 꾀할 적절한 방법을 궁리해 실행했으면 좋겠네.

다만 그 자신을 높인다고나 할까, 교양을 높이거나 업무 능력을 향상시키거나 건강한 몸을 만드는 것과 관련해서 자네들에게 한 가지 묻고 싶네. 다른 게 아니라, '내가 이렇게 나를 향상시키기 위해 노력하는 것은 단순히 나만을 위한 것이 아니야. 이것은 사회의 일원으로서 내 의무이기도 해'라는 의식을 갖고 공부나 운동을 하고 있느냐는 것일세. 자네들이 지금까지 그런 생각을 한 적이 있는지, 또 현재 생각하고 있는지 묻고 싶네."

그때 내가 왜 그런 질문을 했는가 하면, 그런 의무감이 직원 모두가 항상 느끼고 있어야 할 매우 중요한 것이라고 생각했기 때문이다.

우리가 회사원으로서 자발적으로 상식을 풍부하게 늘려 나간다든가 일하는 능력을 더욱 높여 나가는 것은 물론 스스로에게 도움이 된다. 하지만 나는 그것이 동시에 사회에 대한 하나의 의무이기도 하다고 생각한다. 가령 우리 사회에서 모든 사람이 한 단계씩 발전한다면 사회 전체도 그에 따라서 한 단계 발전한다. 그런데 다른 사람이 전부 세 단계씩 발전했는데 나는 한 단계밖에 발전하지 못했다면 나 때문에 사회 전체의 평균적인 발전이 세 단계에 미치지 못하게 된다. 요컨대 나 한 명 때문에 전체의 수준 향상이 지체되는 것이다.

그러므로 자신의 교양을 높인다든가 기술을 향상시킨다든가 건강한 몸을 만드는 것은 단순히 자신을 행복하게 만들고 사회적 지위를 높이기 위한 것이 아니라 사회의 일원으로서 짊어진 공통의 책임이자 의무라고 생각해야 한다. 그런 의무감이랄까 사회의 일원으로서의 연대감을 우리 한 사람 한 사람이 충분히 인식하고 있어야 하는 것이다.

그렇게 생각하면 반대로 내가 공부를 하든 하지 않든 내 자유라는 식의 태도는 용납되지 않는다는 말이 되는데, 이에 대해 여러분은 어떻게 생각하는가?

취미와 본업을
분명히 나누자

●

일에 쫓기는 바쁜 하루하루 속에서는 취미를 갖는 것이 큰 도움이 되기 마련이다.

하지만 이 취미라는 것과 관련해서 "나에게 일은 먹고살기 위한 수단일 뿐이야. 나는 취미 생활을 할 때 진정한 삶의 보람을 느껴"라고 말하는 사람도 있으리라고 생각한다. 내 생각에 그런 사람은 자신의 본업에서 성공하기 어렵지 않을까 싶다. 일이라는 것은 역시 그것에 흥미를 느끼고 즐거움을 느끼면서 몰두할 때 비로소 나름의 성과를 올릴 수 있기 때문이다.

그러므로 가령 "나는 회사원으로서 일하고 있지만, 내 머릿속은 온통 하이쿠(5-7-5의 17문자로 구성되는 일본의 전통적인 정형시. 시조와 유사하다-옮긴이) 생각뿐이야. 일을 하고 있을 때도 이따금 하이쿠가 머릿속에 떠오르는데, 그것이 또 굉장히 재미있고 보람을 느껴"라고 말하는 사람이 있다면 그 사람은 과감하게 하이쿠를 본업으로 삼아야 한다.

옛날 같으면 그랬다가는 순식간에 먹고살기조차 어려워지는 경우가 많았지만, 배불리 먹지 못하게 될 것을 각오하고 하이쿠 외길을 걸은 사례 또한 있었다. 다행히도 오늘날에는 그렇게까지 가난에 빠지는 일은 거의 없다. 그러므로 아무리 애써 봐도 일보다 하이쿠에서 더 삶의 보람을 느낀다는 사람은 하이쿠를 본업으로 삼아서 살기로 결심하고, 다소 가난하더라도 하이쿠에서 삶의 보람을 느끼며 사는 편이 좋을 것이다.

물론 사람에 따라서는 '나는 내 본업, 내 업무에 목숨을 걸고 있지만, 여가 시간에는 하이쿠를 즐기고 있어. 하이쿠는 내 삶을 윤택하게 만들고, 본업을 하는 데도 인간으로서 살아가는 데도 긍정적인 영향을 줘'라는 경우도 있을 테다. 실제로는 그런 사람이 대부분이 아닐까 싶은데, 이것이 취미의 본래 모습일 것이다.

만약 이 지점에 관해서 아직 모호한 채로 살고 있다면, 하루빨리 어느 한쪽을 선택할 필요가 있지 않을까?

실력을 파는 것도
기술이다

●

 어떤 상품이든 마찬가지이지만, 그것을 고객이 사도록 만드는 것은 굉장히 어려운 일이다. "정말 훌륭한 상품이니 부디 사 주십시오"라고 말하기만 했는데 사 주는 경우도 없지는 않지만, 보통 그렇게만 해서는 좀처럼 잘되지 않는 것이 장사다. 그래서 열심히 장사하는 사람은 어떻게 해야 고객에게 상품을 팔 수 있을지 끊임없이 궁리해서 실행한다.
 나는 회사원도, 말하자면 이 파는 기술, 선전하는 기술을 열심히 궁리해야 한다고 생각한다. 즉, 업무를 진행하는 과정에서 자신이 궁리한 어떤 안을 회사나 직장이 채용해 줄지 채용하지 않을지는 그 안 자체의 내용도 중요하지만, 역시 어느 정도는 어떻게 선전하느냐에 달려 있지 않은가 생각한다. 바꿔 말하면 상사가, 혹은 사장이 "자네의 제안, 훌륭하더군. 기존의 것은 폐기하고 자네의 안을 채용하는 편이 좋겠어"라며 기꺼이 채용하도록 만드는 설명 방법, 이해를 구하는 상대법이 회사원의 중요한 기술 중 하나라고 말할 수 있다.

만약 그런 기술에 그다지 관심이 없고 설득 방법을 궁리하지도 않으면서 "상사와 간부들이 내 이야기를 이해하지 못해"라며 포기하거나 불평불만을 늘어놓는다면 자신에게나 회사에나 커다란 마이너스다.

상품을 파는 데는 역시 상품이 지닌 힘이 가장 중요하지만, 아무리 좋은 상품이라도 판매 방법, 선전 방법이 형편없으면 잘 팔리지 않는다. 회사원으로서 일할 때도 먼저 기본적으로 중요한 것은 개개인이 지닌 실력이며, 그렇기에 그 실력을 높이고자 끊임없이 노력해야 함은 두말할 필요도 없다. 다만 실력을 높이는 동시에 성심성의를 다해서 자신의 실력을 호소하고 이해를 얻을 기술을 궁리하는 것 또한 매우 중요하다.

질책을 받는 일에
숨은 의미

●

 엄하게 질책을 받거나 주의를 받는 것은 누구에게나 그렇게 기분 좋은 일이 아니다. 설령 질책을 받아 마땅한 이유가 있었다 해도 상사에게 불려 가서 질책을 받으면 하루 종일 불쾌하고 찜찜한 기분을 떨쳐 내지 못한다. 질책 받기보다 질책 받지 않는 쪽을 선호하는 것은 모든 사람의 공통된 마음, 이른바 인지상정일 것이다.

 이것은 질책하는 쪽도 마찬가지다. 부하 직원을 질책한 뒤의 그 씁쓸한 기분은 관리직이라면 대부분 경험한 적이 있으리라.

하지만 그것이 인지상정이라고 해서 질책 받고 싶지 않다, 질책하고 싶지 않다는 마음이 뒤엉켜 당연히 질책해야 할, 질책 받아야 할 일도 흐지부지 넘겨 버린다면 어떻게 될까? 한 번이라도 그런 생각으로 일을 처리하면 결국은 수습할 수 없는 상황이 되어 버린다. 업무나 직장의 엄격함이 사라지고, 사물을 바라보는 관점과 사고방식이 안일해지며, 어느덧 인간의 약한 측면만이 드러나, 인재도 성장하지 못하고 성과도 나지 않는다. 그 결과 회사가 망하는 극단적인 상황까지 초래할 수 있다.

물론 요즘 자주 이야기되듯 개인의 자주성을 존중하고 자발적으로 자유롭게 일에 몰두하는 것은 중요한 일이다. 하지만 이것이 엄하게 질책 받을 필요가 없다는 의미는 아닐 테다. 오히려 엄하게 질책 받을 때 자주성이나 개성이 더욱 강하게 발휘되며 그 사람의 능력도 한층 성장한다.

나도 제일선에서 일하던 젊은 시절에는 종종 직원을 질책했다. 그것도 혈기 왕성한 시절이다 보니 그 사람만 불러서 조용히 주의를 주는 온건한 방식이 아니라 모두가 보는 앞에서 책상을 두드리며 큰 목소리로 질책하는 일이 종종 있었다.

그런데 내게 그렇게 눈물이 찔끔 나올 만큼 혼이 난 직원이 그대로 의기소침해 버렸는가 하면 그렇지 않았다. 오히려 질책 받은 것을 기뻐하고, 어떤 의미에서는 자랑스러워하는 것 같은 모습이었다.

이것이 어떻게 된 일인가 하면, 창업 초기라면 몰라도 회사가 점점 커지고 직원의 수도 늘어나자 나도 직원 한 명, 한 명에게 일일이 주의를 주고 질책할 수가 없게 되었다. 그래서 어쩔 수 없이 책임지는 위치에 있는 사람만을 질책하게 되었는데, 그랬더니 언제부터인가 사원들 사이에서 '대장에게 혼이 났다면 한 사람 몫을 하는 사원이 되었다는 뜻'이라는 분위기가 생겨난 것이다. 그래서 질책을 받은 본인도 기뻐하고, 주위 사람들도 "축하한다. 너도 드디어 한 사람 몫을 하는 직원이 되었구나"라며 함께 기뻐하고 격려해 주는 모습을 볼 수 있게 되었다. 그리고 이것이 사원의 성장과 회사의 발전을 이끄는 하나의 커다란 원동력이 되었다고 생각한다.

인간은 잠자코 내버려두면 그 일에 익숙해진 결과 다소 실력이 늘기는 하지만 '뭐, 이 정도면 충분하지'라며 안주해 버리는 경향이 있다. 이런 모습은 진보도 발전도 가져다주지 않으며, 그 사람에게도 회사와 사회에도 도움이 되지 않는다. 역시 질책을 받아야 할 때는 엄하게 질책 받고 그 질책을 순순히 받아들이며 겸허하게 반성하는 동시에 크게 분발해 스스로 노력할 때 비로소 성장도 하고 실력도 배양된다.

젊은 사람도 책임자도 이 점을 명심하면서 일하기를 바라며, 특히 젊은 사람들은 여기에서 한발 더 나아가 질책해 주기를 바라는 마음과 태도를 기르는 것이 좋겠다.

나의 일에 목숨을 건다

●

오늘날, 회사원이라든가 월급쟁이로 불리는 사람 중에서 자신의 일, 직무에 목숨을 걸고 있다고 말하는 사람은 얼마나 있을까?

아마도 "목숨을 걸 만큼 일이 소중하지는…"이라고 말하는 사람이 적지 않을 것이다. 하지만 나는 자신이 하는 일에 목숨을 거는 것만큼 큰 기쁨은 없다고 생각한다. 또 어떤 일이든 그 정도의 마음가짐으로 임하지 않으면 진정한 성공을 거두기는 어렵지 않을까 싶다.

소련의 유리 가가린이라는 사람이 인류 최초로 우주비행에 성공한 지도 벌써 20년(1961년)이 흘렀다. 우주로켓을 타는 것은 그야말로 목숨을 건 행위다. 물론 계산상으로는 무사히 생환할 수 있을 테지만, 역시 실행해 보지 않고서는 알 수 없는 위험이 남아 있다. 그럼에도 가가린은 "내가 해 보겠소. 목숨을 걸겠소"라며 로켓에 탔고, 그 덕분에 소련은 최초로 우주비행에 성공한 것이다. 만약 그가 "우주비행은 아직 위험하니 못하겠다"라고 거절했다면 그 성공은 없었을 테다. 최근에는 미국이 우주왕복선을 이용한 우주여행에 성공했는데, 이 또한 마찬가지라고 생각한다.

물론 우주비행은 지극히 극단적인 예이지만, 우리가 매일 하고 있는 일도 다소나마 그런 생각, 신념을 갖고 몰두하지 않는다면 성공하기는 어려울 것이다. 그러므로 직원들, 특히 혈기 왕성한 청년 직원들은 일에 목숨을 건다는 마음을 크게 불태워야 한다. 이것은 자신의 일에 대한 보람과 기쁨을 높일 뿐만 아니라 주위 사람들까지도 눈을 뜨게 해 회사 전체에 번영을 낳는 초석이 될 것이다.

그런데 어느 한 명이 그런 자세를 보이면 주위에서 "시건

방진 녀석"이라며 질시하는 경우가 있다. 나는 이것이 봉건제가 남긴 유물이라고도 할 수 있는 매우 비민주적인 모습이며, 활기 왕성하고 뛰어난 힘을 지닌 사람의 출현을 기뻐하고 응원해 주려 하는 마음가짐이 진정한 민주주의라고 생각한다. 각자의 장점을 인정하면서 서로 그 장점을 키우고 살려 나가는 모습이야말로 민주주의의 순기능 중 하나이며, 그렇기에 질시 받는 것을 두려워하지 말고 용기를 내서 진지하게 일에 몰두해야 한다.

그리고 한마디 덧붙이자면, 그렇게 자신의 모든 생명을 쏟아부을 기세로 진지하게 일에 몰두한 결과 정말로 죽는 일은 거의 없다. 오히려 활력이 솟아나고 일에 대한 보람, 삶의 기쁨을 더욱 풍부하게 맛볼 수 있게 된다.

슬럼프는
초심으로 극복한다

●

나는 어린 시절에 오사카에서 이른바 꼬마 사환으로 일했는데, 15~16세가 되었을 때 조금 생각한 바가 있어서 전기와 관련된 일을 해 보려고 전등 회사에 지원했다. 당시 오사카에는 오사카전등주식회사(현재의 간사이전력)라는 회사가 있어서, 아는 사람에게 부탁해 입사 지원을 한 것이다.

그런데 좀처럼 입사할 수가 없었다. 1개월이 지나고, 2개월이 지나고, 3개월이 지났는데도 소식이 없었다. 나는 도저히 안 되는 건가 하는 불안감을 느끼면서도 어떻게든 입사하고 싶다는 뜻을 바꾸지 않고 시멘트 회사에서 임시 심부름꾼, 지금으로 치면 아르바이트를 하면서 하루하루를 보냈다. 그리고 4개월째가 되었을 때, 결원이 생겼으니 일단 시험을 봐서 합격하면 입사시켜 주겠다는 연락을 받았다. 나는 굉장히 기쁜 마음으로 시험을 봤고, 다행히도 합격할 수 있었다.

그때 내가 느꼈던 감격이랄까 기쁨은 지금도 잊히지 않는다. 문자 그대로 기다리고 또 기다린 끝에 전등 회사로부터 마침내 입사를 허락받은 것에 큰 감격을 맛봤다.

그리고 아마도 그 감격이 반영되었던 것으로 생각되는데, 입사 후 나의 근무 태도는 내 입으로 이런 말을 하는 것도 조금은 그렇지만, 매우 힘이 넘쳤다는 생각이 든다. '3개월 반이나 기다린 끝에 겨우 허락을 받아서 입사한 회사이니 제대로 일해야 해'라는 마음으로 열심히 일에 몰두했던 것이다. 그런 근무 태도의 영향도 있었는지, 회사 사람들에게 귀여움을 받으며 일하다 4개월째에 공사 담당자로 승진했다. 당시 수습 직공에서 공사 담당자가 되려면 보통 2~3년은 걸렸는데 말이다. 내게는 그런 경험이 있다.

왜 이런 이야기를 꺼냈는가 하면, 나는 대부분의 사람이 정도의 차이는 다소 있을지언정 회사에 입사했을 때 나처럼 감격과 기쁨을 느꼈으리라고 생각한다. 그리고 그 감격과 기쁨을 이따금 떠올리는 것이 회사 생활을 계속하는 데 크게 도움이 되지 않을까 생각한다.

회사에 입사해 2~3년이 지나면 누구나 일에 대해서, 혹은 회사에 대해서 이런저런 고민을 하게 된다. 때로는 '이대로 이 회사에서 계속 일해도 되는 걸까?' 같은 생각도 들 테다. 익숙함에서 비롯된 슬럼프라고도 말할 수 있는 하나의 벽에 부딪히는 것이다.

그럴 때 그 슬럼프를 극복하는 방법에는 여러 가지가 있을 텐데, 그중에서도 "초심을 잊지 않는다"라는 말처럼 입사 당시에 느꼈던 감격과 기쁨, 결의 등을 떠올리며 자기 나름대로 회사 생활에 몰두할 마음을 새롭게 다져 본다면 큰 힘이 될 것이다.

회사는
단련과 수업의 장이다

●

사장 시절의 나는 회사의 중견 사원들에게 종종 다음과 같이 주문했다.

"미국의 큰 회사에서 새로 회사나 공장을 만들 때 그곳의 최고 책임자로 30대인 사람이 취임하는 일이 적지 않다고 합니다. 여러분도 대체로 비슷한 연령대인데, 만약 지금 기술부장이라든가 공장장이라든가 상당한 규모의 회사 사장이 되라는 사령을 받았다면 뭐라고 대답하시겠습니까? '저는 그 신뢰에 부응해 공장장으로서 좋은 제품을 만들고 직원들도 철저히 교육하겠습니다'라든가 '안심하고 사장 자리를 맡겨 주십시오'라고 즉시 대답할 수 있겠습니까? 요컨대 회사에 들어와서 10년 이상 경험을 쌓은 이상은 어느 날 책임자의 지위를 맡게 되더라도 이 나라에서는 물론이요, 외국의 어떤 회사에도 지지 않는 훌륭한 성과를 내겠다는 강한 신념을 자기 안에 키우고 있어야 합니다. 그런 점에서 여러분은 어떻습니까? 그런 확신이 있는 분은 손을 들어 주십시오."

이렇게 말했을 때, 손을 드는 사람은 거의 없다. 그러면 나는 이렇게 말을 이었다.

"여러분은 겸손의 미덕을 발휘해서 손을 들지 않았겠지만, 저는 여러분이 이런 질문을 받으면 적어도 마음속에서는 즉시 손을 들었으면 합니다. 지금까지 여러분의 선배 중에는 새로 책임자가 되어서 사내는 물론이고 업계와 세상으로부터도 찬사 받는 성과를 올린 사람이 많습니다. 그런 사람들 덕분에 회사가 지금처럼 발전할 수 있었던 것인데, 그 사람들은 모두 젊을 때부터 매일 다니는 회사를 자신의 실력을 키우는 훈련의 장, 수업의 장으로 여기고 일의 요령을 터득하고자 진지하게 노력했습니다. 그렇기에 새로운 직무를 맡았을 때 충분한 성과를 올릴 수 있었던 것이지요. 여러분도 매일매일 그런 노력을 게을리하지 않기를 바랍니다."

나는 이것이 어느 시대에나 중요하다고 생각한다. 연예인도 이른바 명인으로 불리는 사람은 뛰어난 소질과 함께 촌각을 다툴 정도의 진지함으로 자신의 예능에 몰두한다. 신문 등의 평론에서 단 한 줄이라도 나쁜 점을 지적받으면 밤새 잠도 안 자고 그 생각을 한다는 이야기도 들었는데, 그런 모습에서 명인의 솜씨가 탄생하는 것이리라. 이것은 회사의 일도 마찬가지여서, 평소에 그런 진지한 단련과 노력을 얼마나 하고 있는지가 중요하다. 그런 단련과 노력이 없다면 책임자로서의 실력이나 자신감은 결코 자라지 않는다고 해도 과언이 아니다.

말로 하면 지극히 당연한 것처럼 생각되지만, 매일 그런 노력을 계속하는 것은 굉장히 어려운 일이다. 때때로 자신의 모습을 되돌아보면서 마음을 새롭게 다졌으면 하는 바람이다.

협력의 정신이
발전을 부른다

●

 가령 지금 이곳에 100명 규모의 직장이 있을 경우, 그중에 굉장히 합리적으로 생각하고 일해서 큰 성과를 올리고 있는 사람이 한두 명은 있기 마련이다. 이것은 어떤 회사든 마찬가지라고 생각한다. 그럴 때 그 뛰어난 한두 명이 직장에서 중요한 지위에 오르게 된다면 그 직장은 전체적으로 매우 발전할 것이다.

 예전에 내가 아는 한 중견 기업에서 이런 일이 있었다. 대체로 좋다고도 나쁘다고도 말할 수 없는 경영 상태였던 그 회사는 새로운 확장을 꾀하고 싶다는 이유에서 열 명을 과감하게 채용했는데, 그중 두 명이 매우 뛰어난 인재였다. 이에 그 회사의 사장은 그 두 명을 발탁했다. 물론 중규모의 기업이므로 오랫동안 일해서 경험이 풍부한 사람도 많았지만 이른바 새로운 지식을 갖춘 사람은 적었는데, 그런 곳에 새로운 지식을 갖춘 뛰어난 인재 두 명이 가세한 것이었기에 입사한 지 얼마 안 되었음에도 그 두 명을 크게 우대했던 것이다.

그럴 경우, 보통은 조금 골치 아픈 문제가 일어나는 경향이 있다. 어떤 문제인가 하면, 주위 사람들이 "뭐야, 왜 저 친구만 특별 취급을 하는 거지? 기분 나쁘게"라고 불만을 품는 것이다. 그런데 그 회사에서는 사장의 처신이 적절했다고나 할까, 평소에 사원과의 의사소통이 원활했다고나 할까, 그런 문제가 일어나지 않은 채로 새로운 두 명이 중용되었다. 그리고 약 3년 사이에 회사가 완전히 새롭게 탈바꿈하면서 크게 발전했다.

나는 이 회사 외에도 비슷한 사례를 적지 않게 지켜봤는데, 그런 경험을 통해서 뛰어난 인재 한두 명의 힘이 얼마나 대단한지, 그리고 동시에 그런 사람들이 등장함으로써 기업 전체의 구성원들이 얼마나 혜택을 받는지를 뼈저리게 느꼈다.

이런 것은 오늘날의 산업계에서도 어느 정도 상식으로 통용된다. 하지만 이것을 매우 바람직하게 여기고 그런 모습을 적극적으로 만들어 내려고 하는가 하면, 그렇게까지는 하지 않는 것이 현실이다. 일본인의 습성 중 하나는 그런 모습을 실현하기 위한 발탁에 그다지 공감하지 못하고 오히려 질투심을 느낀다는 것이다. '왠지 기분이 나빠. 불쾌해'라는 심정이 될 때가 많은 듯하다. 그리고 그런 습성이 직장이나 회사의 발전을 저해하고 직장의 인재를 진정으로 활용하지 못하게 만드는 측면이 있지 않나 싶다.

나는 이것이 단순히 사원의 마음가짐으로서 중요한 수준을 넘어 국민 전체의 마음가짐으로서 중요한 것이 아닐까 생각한다.

모두가 직장에서 뛰어난 한 명이 되고자 노력하는 것이 중요함은 두말할 필요도 없다. 하지만 그에 더해 주위의 뛰어난 한 명이 위로 올라가려 할 때 끌어내리려 하지 말고 "재능이 있는 사람에게 그 재능에 걸맞은 일을 시킵시다. 자, 위로 올라가시오"라면서 밀어 준다면 어떨까? 그러면 올라간 사람이 "좋았어, 나는 올라왔으니 이제 당신도 올라오시오"라며 끌어올려 줄 것이다. 그렇게 다 함께 성장하고 발전한다는 협력의 정신이 회사는 물론이고 국민 모두에게 더욱 필요하지 않을까?

윗사람에 대한 배려

•

예전에 한 청년 직원과 이런 대화를 나눴다.

"자네, 안마할 줄 아나?"

"아니요, 모릅니다."

"아버님이나 어머님의 어깨를 주물러 드린 적이 없나?"

"아, 네…. 딱히 없습니다."

"자네, 그래서는 출세하기 어렵네."

이 말에 그 청년은 안마와 출세가 무슨 관계가 있느냐고 묻는 듯, 의아한 표정을 지었다. 그래서 나는 웃으며 이렇게 말해 줬다.

"가령 자네가 과장하고 함께 밤늦게까지 야근을 한다고 생각해 보세. 그러면 자네는 젊어서 기운이 넘치지만 자네보다 상당히 선배인 과장은 피곤함을 느낄 때도 있겠지. 그럴 때 '과장님, 잠깐 어깨라도 주물러 드릴까요?'라고 말할 수 있느냐 없느냐에 따라서 미래가 달라질 수 있다네.

회사는 일을 하는 곳이니까 그런 말을 할 필요는 없다고 한다면 분명히 그렇기는 하네. 하지만 만약 자네가 문득 그렇게 물어봐 준다면 과장은 큰 위안을 느낄 걸세. 물론 '그렇다면 주물러 주게'라고 말하는 경우는 거의 없을 걸세. 대부분 '아니, 괜찮네. 말만으로도 고맙군'이라고 말하겠지. 하지만 그 한마디는 과장의 마음에 안마를 받은 것 이상의 기쁨을 준다네. 그리고 '밤늦게까지 붙잡아 둬서 미안하네. 혹시 데이트 약속이 있었던 건 아닌가?' 같은 부드러운 말을 해 줄 걸세.

나는 그런 식으로 오가는 마음속에 일을 순조롭게 진행시키고 무엇인가를 만들어 내는 원동력이 있다고 생각한다네. 그러니 자네도 상사는 물론이고 주위 사람들에게도 자연스럽게 그런 배려를 할 수 있는 사람이 되어 주었으면 하네. 그렇게 된다면 자네의 업무 성과도 높아질 걸세."

실제로 이런 배려는 아부도 아니고 아첨도 아니다. 윗사람을 존경하고 피곤한 사람을 돌보는 것은 인간의 자연스러운 심리이며, 이 배려의 교류는 인간으로서 당연한 일이라고 생각한다.

물론 어떤 꿍꿍이속이 있어서 그런 말을 한다든가 출세에 도움이 된다는 생각에서 행동한다면 그런 생각이 상대에게 전부 전해지기 때문에 오히려 역효과를 부를 것이다. 세상은 그렇게 만만한 곳이 아니다. 하지만 성의와 진심에서 나온 말이나 행동은 그 자체로 존귀하며 상대를 감동시킨다. 성의나 진심 같은 말이 낡은 감성처럼 느껴질지도 모르지만, 나는 그런 진심에서 우러나오는 배려를 지극히 자연스럽게 실천하는 것이 오늘날의 회사원에게도 요구되는 중요한 요건 중 하나가 아닐까 생각한다.

제3장

경영의 무게를
짊어진
사람들에게

'부하의 잘못'일까?

●

어떤 부서의 실적이 도무지 오르지 않을 경우, 담당 부장이 이런 변명을 할 때가 있다.

"열심히 노력하고 있습니다만, 과장 중에 그 업무에 부적합한, 쓰기 힘든 친구가 있어서 실적이 오르지 않았습니다. 죄송합니다."

분명히 실제로도 그런 상황일 것이라고 생각한다. 하지만 그렇다고 해서 부장에게 그런 변명이 용납될 수 있을까?

어떤 부서든 그 부서가 달성해야 할 중요한 사명이 있다. 그리고 그 사명을 수행할 책임이 있는 최고 책임자는 역시 다른 누구도 아닌 부장 자신이다. 만약 부하 중에 사명을 수행하기에 부적합한 사람이 있어서 그 사람 때문에 실적이 오르지 않는다면, 부장이 이에 대한 대책을 강구해야 한다. 요컨대 그 부하를 다른 사람으로 바꿔서라도 사명을 달성해야 하며, 이것이 부장의 책임일 테다.

그러려면 역시 사장이라든가 회사의 윗선에 그런 상황을 호소해야 한다. "그 부하는 다른 부서에 가면 적성을 발휘해서 자신의 능력을 십분 발휘할 수 있게 될지도 모릅니다. 하지만 저희 부서에 있는 이상은 능력을 발휘하지 못할 것 같습니다. 그러니 부서와 회사, 그리고 그 부하를 위해서도 부서를 바꿔 주셨으면 합니다" 하고 제언해야 한다.

그런데 이럴 경우, '그런 말을 하면 내가 부하를 제대로 활용하지 못한다고 고백하는 셈이라 부장으로서 체면이 깎일 거야'라는 심리가 발동해 제언을 하지 못하는 경우가 종종 있다. 하지만 그런 심리에 사로잡혀서 해야 할 말을 하지 않는 것은 부장으로서 사명감이 약하다는 의미가 된다. 바꿔 말하면, 세상으로부터 부여받은 업무라는 커다란 사명을 등한시하는 것이 되어 버린다.

나는 이것이 부장 자신에게도 적용되는 이야기라고 생각한다. 자신이 부장으로서 적임이 아니라고 생각한다면 그것을 사장이나 윗선에 호소해야 한다. "저는 1년 동안 부장으로 일했지만 충분한 성과를 올리지 못했습니다. 이것은 역시 제가 부장으로서 적임자가 아니었기 때문이라고 생각합니다. 그래서 저는 부장을 그만두고 다른 일을 맡고 싶습니다" 하고 호소해야 한다.

물론 부하에 대해서든 자기 자신에 대해서든 그 일에 적임자인지 아닌지는 사적인 감정에 얽매이는 일 없이 적정하게 판단해야 하지만, 적정한 판단의 결과가 그렇다면 부적격자를 바꾸는 데 주저해서는 안 된다. 그리고 실제로 다른 부서로 이동한 결과 그곳에서 훌륭하게 꽃을 피우는 사람 또한 많다.

이것은 결국 부서가 원활하게 운영되느냐 그렇지 못하느냐는 부장 한 명에게 달려 있다, 즉 부장 한 명의 책임이라는 뜻인데, 회사가 착실히 발전하려면 매일 그런 적절한 판단을 거듭해야 한다. 그 정도의 책임을 항상 짊어지고 있다는 자각이야말로 간부 사원에게 반드시 필요한 중요 요건 중 하나이다.

"저의 책임입니다"

•

간부 사원으로서의 책임과 관련해 한 가지 더 언급하고 넘어가려 한다.

회사에서 일을 결정할 때는 이를테면 회의 등을 열어서 신중하게 검토하고 모두의 의견을 모아서 결정하는 형태가 되는 일이 많다. 이것이 말하자면 민주주의적인 방식인데, 나는 설령 그런 식으로 모두가 함께 의논해서 결정했다 해도 그 결정을 실제로 채용할지 말지는 그 부서의 책임자, 이른바 '장'의 판단에 달려 있다고 생각한다.

요컨대 장은 결국 자기 혼자의 책임으로 그 판단을 해야 한다. 아무리 많은 사람이 모여서 결정했다고 한들 일단 그것을 채용한 이상은 모든 책임을 자신이 짊어진다. "이것은 저의 책임입니다"라고 단언할 수 있어야 비로소 책임자라고 부를 수 있는 것이다.

그런데 실제로는 이 점을 자각하고 있는 사람이 그다지 많지 않다는 생각이 든다. 그래서 종종 "모두의 의견으로 결정된 사안이므로…"라며 책임자가 져야 할 책임을 회피하는 일이 일어난다.

하지만 설령 다수결로 결정된 것이라 해도 그 책임자가 '이건 정말 좋지 않아. 내가 책임을 질 수 있는 일이 아니야'라고 판단했을 경우는 이를 명확히 밝히고 단념시키거나 그것이 불가능하다면 깔끔하게 책임자의 지위에서 물러날 생각도 해야 한다. 책임자로서 진퇴를 명확히 하는 것이다. 그러지 않고 "개인적으로는 찬성할 수 없지만, 모두가 결정한 것이므로…"라고 말하는 것은 책임자로서 져야 할 책임을 자각하지 못했다는 의미가 아닐까 싶다.

그런 태도가 필요한 것은 자신의 내부 문제에 국한되지

않는다. 회사 전체의 문제에 관해서도 필요하다면 사장이나 중역에게 자신의 책임 아래 해야 할 말을 해야 한다. 그런 책임 있는 자세, 태도를 보일 때 비로소 부하나 상사의 신뢰가 모여서 강력하게 일을 진행할 수 있게 되는 것이다.

프로로서 실력을 키운다

●

 회사에 입사해 10년 또는 20년이 지나면 각자 중요한 일을 맡게 된다. 하지만 그 일에 관해서 "나는 어엿한 프로야. 이 일로 먹고살고 있다고. 그런 만큼, 이 일에는 자신이 있어"라고 단언할 수 있는 사람이 얼마나 있을까?
 평소에 자기 일에 어느 정도 자신감이 있었다고 해도 "그 일의 프로로서 얼마나 자신감이 있습니까?"라는 질문을 받으면 "나도 이제 베테랑이야. 장기나 바둑으로 치면 3단 정도의 실력은 된다고" 같은 확신에 찬 대답을 하기는 쉽지 않다. 하지만 간부 사원쯤 되면, 그런 대답을 할 수 있을 만큼의 자신감과 실력을 항상 겸비해야 한다.

가까운 예를 들면, 붓글씨의 경우 갓 배우기 시작한 초보자는 긴 시간을 들여서 고심하며 써도 좀처럼 잘 쓰지 못한다. 하지만 붓글씨의 달인은 백지 위에 사람들이 찬사를 보낼 만큼 멋진 글씨를 순식간에 써낸다. 초보자와 달인 사이에는 매우 큰 실력 차이가 존재하는 것이다.

나는 우리가 무엇인가를 고안하고, 생산하고, 판매하는 것에 관해서도 똑같은 말을 할 수 있다고 생각한다. 그 방면의 달인이 되었을 때 비로소 순식간에 멋진 아이디어를 생각해 내고, 순식간에 제조를 할 수 있게 된다. 똑같이 할 수는 있지만 10일 혹은 20일이 걸린다면, 대상에 따라서는 그럴 경우가 있다고 한들, 결코 칭찬받을 일이 아니다. 이것은 결국 미숙함의 발로일 것이다.

제2차세계대전 당시 일본에서는 비행기에서 한 가지 결함을 발견하면 결함을 개선하기 위해 다시 설계하고 그것을 제조하기까지 수개월, 경우에 따라서는 1년이 걸렸다. 그것이 일본 군부의 기술이었다. 그런데 미국은 한 차례

전투를 치러서 부족한 부분을 발견하면 기술자 몇 명이 일주일 사이에 그 결함을 전부 고쳐 버린다. 그래서 다음 전투에는 개조된 비행기가 날아올 만큼 빠르게 해결했다는 것이다. 진위 여부는 알 수 없지만, 기술과 기계 설비가 훌륭하고 여기에 설계를 맡은 사람이 달인이거나 숙련자라면 충분히 가능한 일이 아닐까? 그리고 이처럼 굉장히 빠른 제품 개발 혹은 일 처리가 실현된 곳이 지금의 산업계다. 그런 산업계에서 간부 사원으로서 직책을 다하려면 역시 "나는 이 일의 프로야"라고 단언할 수 있을 만큼의 자신감과 실력을 지녀야 한다. 게다가 세상이 점점 발전하고 있기에 이렇게 빠르게 변하는 세상의 움직임을 따라잡을 수 있을 정도의 실력이어야 한다. 실제로 오늘은 프로의 영역에 있던 사람이 내일은 초보자의 영역으로 전락할 가능성 또한 충분히 있다.

그렇게 생각하면 간부 사원은 자신의 실력을 두고 끊임없이 자문자답하며 진지하게 실력을 갈고닦아야 한다. 그리고 그런 노력을 계속하는 한 인간의 생각, 인간의 실력은 끝없이 상승할 수 있다고 나는 믿는다.

사람을 키울 때의 핵심

●

"기업은 사람이다"라는 말을 종종 듣는데, 회사를 경영할 때 좋은 인재를 키울 필요가 있음은 새삼 이야기할 필요도 없다. 일개 부나 과도 인재가 차례차례 성장할 때 비로소 성과도 오르고 발전도 하게 되므로, 인재 육성은 책임자가 한시도 소홀히 해서는 안 되는 중요한 임무 중 하나다.

그렇다면 어떻게 해야 좋은 인재를 키울 수 있을까? 중요한 점은 여러 가지가 있겠지만, 나는 그 기본으로서 먼저 그 부 혹은 과의 방침을 명확히 드러내는 것을 꼽고 싶다. "우리 부는 사내에서 이러이러한 분야의 일을 담당하고 있네. 그런 우리의 임무를 더욱 정확하고 효율적으로 수행하기 위해, 앞으로는 이런 방침으로 이런 일에 열중하고자 하네"라는 것을 부장이 부원 모두에게 명확히 제시하고 호소하는 것이다. 그리고 "다들 우리 부의 이런 방침, 목표를 이해하고 스스로 열심히 공부해 주기를 바라네. 어려운 것이 있으면 내게 물어보게"라는 요망을 기회가 있을 때마다 밝히는 게 기본이다.

회사 전체의 경우도 사장이 "회사의 방침은 이러이러하니, 여러분은 이 방침에 따라서 실력을 키우고 자신을 갈고닦아 달라"라고 호소하면 직원들은 반드시 노력하게 된다. 회사에 아무런 방침도 없거나 있더라도 그것을 강하게 호소하지 않으면 직원들이 무엇을 어떻게 해야 할지 알 수 없어 그저 타성에 젖은 채 하루하루를 보내게 되며, 좀처럼 실력을 키우려는 생각을 하지 않게 된다.

이것은 국가의 경우도 마찬가지다. 국가의 목표가 명확하면 그 목표를 향해서 교육이 시작되고, 국민 또한 그 목표를 향해 노력한다. 그러면 그 나라는 발전한다. 또한 개인의 경우도 역시 스스로 목표, 방침을 명확히 정할 때 비로소 그것을 달성하고자 하는 노력에 힘이 담겨서 능력을 키워 나갈 수 있을 것이다.

일개 부나 과의 경우 그 방침 또는 목표는 당연히 회사 전체의 방침이나 목표를 따르는 것이어야 하지만, 그런 방침을 책임자가 명확히 제시해야 한다. "우리 부원들은 다들 공부를 안 해"라고 탄식하기 전에 먼저 자신의 자세를 되돌아봤으면 한다.

부하를 방해하지 않는다

●

인간은 본래 일하고 싶다, 타인에게 도움이 되고 싶다는 마음을 지니고 있다. "자네는 일하지 말고 놀기만 하게"라는 말을 들으면 일시적으로는 좋아하는 사람도 있겠지만, 시간이 지나면 대부분 당혹감을 느낄 것이다. 그런 인간 본연의 성질을 생각할 때, 나는 부하가 열심히 일하게 만드는 비결 중 하나는 일하려고 하는 부하를 방해하지 않는 것이라고 생각한다. 본래 일하려고 생각하고 있었는데 찬물을 끼얹는 말을 들으면 부하는 김이 빠져서 '오늘 하루는 그냥 놀아 버릴까?' 하고 생각하게 된다.

나는 직원들이 열심히 일하는 것을 가급적 방해하지 않으려고 조심해 왔다. 하지만 그렇다고 해서 주의도 안 주고 아무 말도 하지 않은 것은 아니다. 책임자로서 해야 할 말은 분명히 하려고 노력해 왔다. 다만 이때 일하는 것을 방해하는 표현은 피하려고 주의했다.

"저 사람 밑에 있으면 왠지 일하기가 편해"라든가 "저 사람은 나를 잘 이해해 줘" 같은 말을 듣는 사람이 있는데, 이것은 결국 일하는 것을 방해하지 않기 때문이라고 생각한다. 그런데 실제로는 부하가 열심히 일하기를 바라면서도 오히려 방해하는 경우가 적지 않다.

이 방해하지 않는다는 것은 바꿔 말하면 기본적으로 그 사람을 신뢰하고 맡기는 것이라고 생각한다. 물론 우리는 신이 아니므로 부하를 100퍼센트 믿고 맡기는 것은 절대 쉬운 일이 아니다. 60퍼센트는 괜찮지만 40퍼센트 정도는 불안하기도 할 것이다. 하지만 그럴 때도 60퍼센트 이상의 가능성이 있다면 "자네가 해 주게. 자네라면 할 수 있을 걸세. 부탁하네"라며 맡긴다. 이런 태도를 기본으로 삼고, 그 과정에서 짚고 넘어가야 할 중요한 지점이 있으면 그 사람의 자주성을 존중하는 가운데 기탄없이 주의를 준다. 그러면 실패하는 경우보다 기대에 부응하며 성공하는 경우가 훨씬 많다. 이것이 내가 경험을 통해서 해 줄 수 있는 이야기다.

평소에 부하에게 일을 시키려고 애쓰는 사람일수록, 때로는 자신이 부하가 일하는 것을 방해하고 있지 않은지 되돌아봤으면 한다.

대립을 어떻게 방지할 것인가

●

어떤 한 부문에서 사원끼리 혹은 과장끼리 대립해서 인간관계가 삐걱댈 때가 있다. 이것은 당연히 바람직하지 않은 모습이지만, 인간인 이상은 어떤 측면에서 어쩔 수 없는 일이다.

따라서 어느 정도는 그런 대립도 인정해야 하지만, 간부 사원으로서는 그런 대립이 가급적 일어나지 않도록 인사의 측면에서 배려하는 것이 중요하다.

예를 들어 하나의 부문을 과장 세 명으로 운영할 경우,

세 명이 완전히 똑같은 성격이고 대등한 실력의 소유자라면 아무래도 의견 대립이 많아질 수밖에 없다. 그러므로 한 명은 결단력이 뛰어난 사람, 한 명은 협조성이 높은 사람 같은 식으로 각자 다른 특색을 지닌 세 명을 조합해서 팀을 구성한다. 그러면 대립이 줄어들고 효율적으로 운영이 될 것이다. 간부 사원에게는 이런 인사 배치 측면의 주도면밀한 배려가 끊임없이 요구된다.

자신의 부하에 관해서는 그런 배려를 함으로써 어느 정도 원활한 운영이 가능하지만, 문제는 자신을 포함한 간부 사원끼리의 의견 대립에 어떻게 대처할 것이냐다. 간부 사원끼리 의견 대립을 일으키는 것은 바람직하지 않기에 이를 방지하려고 해도, 자신 또한 그중 한 명이면 좀처럼 생각대로 되지 않는 측면이 있다. 하지만 그런 경우에도 역시 각자 다른 역할을 맡게 하는 것이 중요한 포인트 중 하나라고 생각한다.

가령 간부 사원 세 명이 한 팀을 이루고 있을 경우, 세 명이 완전히 동격이면 역시 삐걱대기 쉽다. 그러므로 자신이 아닌 한 명을 최고 책임자로 삼고 그 사람의 의견을 끊임없이 물어보면서 일을 결정한다는 방침을 세우거나, 자신이 최고 책임자가 되어 다른 두 명의 의견을 귀담아들으면서 철저히 취사선택을 하거나, 어느 한 쪽을 선택해야 한다.

이와 관련해서 나는 예전에 어떤 사람에게 충고 하나를 한 적이 있다. 그 사람은 사장으로 활약하고 있었는데, 나는 그 사람에게 "자네의 가장 큰 실책은 자네의 친구를 자네 회사의 간부로 둔 것이라고 생각하네"라고 말했다.

그 사장은 자신의 친구를 그 회사의 상무로 영입했는데, 나는 그 점을 우려한 것이다. 그럴 경우는 먼저 "네가 우리 회사에 들어온다면 그때는 지금 같은 친구 사이가 아니라 내 부하라는 마음가짐으로 일해야 해. 그런 마음가짐이 될 수 있다면 기꺼이 영입하겠어. 하지만 친구로서 나를 돕겠다는 마음가짐이라면 회사에 들어오지 말고 외부에서 도와줬으면 하네" 같은 식으로 미리 다짐을 받아야 한다.

사장이 그렇게 태도를 분명히 하지 않고 모호한 상태에서 친구를 상무로 불러들이면 그 친구는 상무로서 사장을 대하기보다 친구로서 사장을 대하게 된다. 그렇게 되면 가령 의견이 다를 경우 강하게 말하는 것이 친구로서 올바른 태도라고 생각해서 사장이 이렇게 하자고 결단을 내려도 상무가 수긍하지 않아서 불필요한 의견 대립이 일어날 것이다.

경험상 그런 폐해가 느껴졌기에 나는 그 사장에게 충고했던 것인데, 이처럼 본인을 포함해 사람의 조합을 충분히 고려하는 것은 간부 사원에게 매우 중요한 일이다.

실패했을 때
진가가 드러난다

●

인간은 때때로 생각지도 못한 잘못을 저질러서 실패하기 마련이다. 회사에서 일하다가도 갑자기 "아, 망했다!"라며 머리를 감싸 쥐는 경우가 있다. 물론 잘못이나 실패는 애초에 하지 않는 것이 가장 좋으며, 실패하고 싶어 하는 사람은 단 한 명도 없다. 하지만 인간에게 완전무결함을 바랄 수는 없기에 때때로 잘못이나 실수를 저지르는 것은 어떤 측면에서 어쩔 수 없는 일이다.

중요한 것은 잘못을 저질렀을 때 그 잘못에 어떻게 대처하느냐가 아닐까 싶다. 어떻게 대처하느냐에 따라 인간으로서의 진정한 가치가 결정된다고 해도 과언이 아니라고 생각한다.

그렇다면 어떻게 하는 것이 좋을까? 가장 좋은 대처법은 역시 솔직하게 자신의 잘못을 인정하고 즉시 고치는 것이다. 지극히 평범한 방법이지만 이보다 최선의 길은 없다.

실패를 자주 하는 사람 중에는 "이미 엎질러진 물이야. 게다가 내 체면도 있고"라며 그대로 무리하게 밀어붙인 결과 실패 위에 또 다른 실패를 쌓아 올리는 사람도 있다. 나는 이것이 가장 위험하다고 생각한다. 잘못을 저지르는 것보다 오히려 이쪽이 훨씬 무섭다고 말할 수 있다.

우리는 신이 아니므로 긴 인생을 살다 보면 이런저런 잘못을 저지르게 된다. 그럴 때는 솔직하게 인정하고 고쳐야 할 것을 고친다. 높은 위치에 있는 사람일수록 더더욱 그런 마음가짐이 필요하다. 높은 위치에 있는 사람은 그 위치상 잘못한 줄 알면서도 어떻게든 자신의 실패를 감추려 하기 쉬운데, 그 결과 오히려 실패를 쌓아 올려 자신도 곤란하고 회사나 주위 사람들에게도 큰 손해를 끼치는 경우가 있다.

이 점을 모두가 최대한 경계해야 하는데, 그와 동시에 잘못을 저지른 사람을 용서하는 따뜻한 관용의 정신도 잊지 말았으면 한다.

화를 복으로 바꾼다

●

회사원으로서 일할 때, 설령 회사 전체의 관점에서는 순조롭게 발전하는 중이더라도 개별적인 업무의 관점에서는 이런저런 문제가 일어나 어려움을 겪을 때가 있다. 이것은 회사뿐 아니라 가정, 혹은 개인의 인생도 마찬가지여서, 각각의 장소에서 5년 혹은 10년 동안을 아무런 문제도 곤란도 겪지 않고 편하게 지내는 일은 지극히 드물 것이다.

그런 것이 세상의 상식이라면, 어떤 상황에 놓이든 일종의 각오랄까 신념을 갖고 대응하는 것이 중요하다. 즉, 우리는 일을 하는 과정에서 항상 어떤 종류의 어려운 문제에 부딪히게 된다. 그 어려운 문제에 맞서는 신념, 각오가 있느냐 없느냐는 매우 중요해서, 그런 신념이 없을 때는 어려운 문제가 찾아올 때마다 동요하거나 좌절한다. 이것은 실패한 상태라고 말할 수 있을 것이다.

나도 과거에 이런저런 사건을 겪었지만, 다행이도 한 가지 사건이 일어날 때마다 좋은 결과를 불러온 경우가 많았다. 어떤 물품을 만들어서 팔려고 했지만 팔리지 않았다. 이것 자체는 완전한 실패였다. 하지만 팔리지 않은 경험에서 한 가지 발견을 할 수 있었고, 그것이 훗날 크게 도움이 되는 것 같은 일이 끊임없이 이어진 것이다.

가령 어떤 문제로 단골 거래처로부터 크게 질책을 받을 때가 있다. 거래처에서 돌아온 사원에게 "이러저러해서 더는 마쓰시타전기와 거래하지 않겠다며 크게 화를 냈습니다"라는 보고를 받은 적이 여러 번 있었다. 하지만 그럴 때면 나는 '굉장히 좋은 기회를 얻었군. 이렇게 질책을 받았다는 건 큰 인연이 맺어질 징조야'라고 생각했다.

그리고 사원에게 "자네가 가서 마쓰시타전기의 생각을

한번 더 이야기해 주지 않겠나? '돌아가서 사장에게 그렇게 보고했더니 사장이 이런 말을 했습니다'라고 한 번 더 이야기하고 오게. 나는 내 생각이나 내가 하려는 것이 결코 그쪽에 손해가 되는 것이 아니라고 생각하네. 물론 부분적으로는 실수를 했으니까 질책을 받는 건 어쩔 수 없는 일이지만, 근본적으로는 그쪽의 이익이나 처지를 충분히 생각하고 있다고 자부하네. 그런데 실수 한 번으로 전체적인 방침까지 부정당한다면 너무나도 안타까운 일이 아닌가? 그러니 전체적인 상황을 그쪽에 이야기해 주게. 그럼에도 거래를 못 하겠다고 한다면 뭐 어쩌겠나. 깔끔하게 물러나야지. 자네, 다시 한번 가서 당당한 자세로 이렇게 말해 주게"라고 말한 적이 여러 번 있다.

그래서 그 사원이 거래처를 찾아가 내가 시킨 대로 이야기하면 "자네 회사 사장이 그렇게 말했단 말이지? 잘 알았네. 그렇다면 생각을 바꿔야겠군. 다시 거래해 보자고"라는 대답이 돌아왔다. 이와 같이 어떤 실수를 한 것이 인연이 되어 오히려 큰 인연이 맺어지고, 이후 우리의 팬이 되어 주는 경향이 있었다.

만약 내가 내 이익만을 생각했다면 그런 이야기를 상대에게 할 신념도 솟아나지 않았을 것이며, 질책을 받고 머리를 긁적이는 정도로 끝났을 것이다. 하지만 나는 나의 이익을 위해서가 아니라 사람들을 위해서, 거래처를 위해서 일하고 회사를 경영하고자 노력했으며, 그렇게 하고 있는지 끊임없이 자문자답하고 반성해 평소의 신념으로 만들어 왔기에 그런 강한 태도를 보일 수 있었다. 그리고 그 덕분에 이른바 화를 복으로 바꿀 수 있었던 것이다.

이런 신념이 거래처와의 관계뿐만 아니라 일 전반에 필요하지 않을까?

자기 능력에
솔직해져야 한다

●

"그 사람은 평사원이었을 때는 일도 잘하고 정말 유능했는데 주임이 된 뒤로는 부하들에게 제대로 일을 시키지도 못하고 자기 일도 잘 못하는 것 같아"라든가 "그 사람은 과장으로서는 굉장히 훌륭했는데 부장이 된 뒤로는 실적이 영 별로야" 같은 이야기를 들을 때가 가끔 있다.

최근에는 다소 변화가 나타나고 있는 듯하지만 일본에는 이른바 연공서열 제도라는 것이 있어서, 어떤 측면에서는 능력 이외의 배려로 승진시키는 경우도 있다. 그럴 경우 부장이나 과장이 된 건 본인도 기쁘고 주위에서도 축하해 주지만, 본인에게 그 자리에 걸맞은 능력이 없는 까닭에 결국 그 사람을 불행에 빠트리고 회사에도 마이너스가 된다.

그럴 때, 만약 그 사람이 자신의 실력을 올바르게 인식하고 있어서 설령 회사가 "자네, 부장이 되어 주게"라고 말해도 "아닙니다. 제가 과장으로는 일할 수 있어도 부장이 되기에는 능력이 부족합니다. 말씀은 감사하지만 고사하겠습니다"라고 말할 수 있다면 그 사람은 일단 실패하지 않을 것이며, 과장으로서 성공할 수 있는 사람일 것이다.

물론 여기에는 반대의 경우도 있을 수 있다.

이것은 결국 자신의 능력을 알고 그 상태에서 자신의 적성이랄까 능력의 한계에 맞는 일을 하는 것이 중요하다는 의미이다.

만약 50의 힘밖에 없는 사람이 70의 힘이 필요한 일을 하려고 하면 당연히 실패한다. 반대로 100의 힘이 있는 사람이 70의 힘만 있으면 되는 일을 하고 있다면 실패는 하지 않겠지만 아까운 능력을 낭비하고 있는 셈이 된다. 역시 100의 힘을 가진 사람은 자신의 힘을 올바르게 인식하고 적어도 95의 힘이 필요한 일을 해야만 본인에게나 회사에나 득이 될 것이다.

이처럼 항상 자신의 능력을 검토하고 적성에 맞는 일을 한다는 마음가짐은 특히 관리직에게 중요하다. 그렇게 한다면 자연스레 불평불만 없이, 오히려 기쁨과 즐거움을 느끼면서 일할 수 있게 될 것이다.

회사원으로서, 또 인간으로서 중요한 것은 큰일을 하는 것이 아니라 자신의 힘에 걸맞은 일을 성심성의를 다해 몰두해서 성공하는 것이다.

다만 이와 관련해서는 또 한 가지 중요한 점이 있다. 그런 능력이나 적성은 고정적이지도 않고 불변도 아니라는 점이다. 아니, 대부분의 경우는 시간이 흐를수록 발전하고 향상되며, 또 스스로 노력해서 발전, 향상시켜야 한다.

따라서 그때그때 자신의 역량을 객관화해 그 힘을 넘어서는 일은 하지 않도록 주의하면서도 더 큰 일, 더 수준 높은 일에 적응할 수 있도록 끊임없이 자신을 발전시키려 노력해야 한다.

그러는 것이 스스로도 자기 역량을 효율적으로 활용할 수 있어서 큰 기쁨이 되고 결과적으로 회사나 세상에도 공헌하는 결과로 이어질 것이다. 여러분은 어떻게 생각하는가?

큰일에
도움이 되는 사람이 되자

●

"사람은 많은데 사람이 없어"라는 말을 예전에 어떤 선배에게 들은 적이 있다. 회사를 경영할 때도 마찬가지다. 일반적인 상황에는 도움되는 사람이 많다. 하지만 중대한 일이 닥쳤을 때 도움이 되는 사람은 실제로 그리 많지 않다고 느낀다.

물론 평범한 업무에 도움이 되는 사람도 중요하다. 그리고 중대한 일이 닥쳤을 때 도움이 될 수 있는 사람이 많기를 바라는 것은 무리일지도 모른다. 하지만 실제로 회사가 중대한 상황에 직면했을 때는 아무래도 그 난관을 헤쳐 나가는 데 도움이 될 사람이 일정 수 필요하다.

그렇다면 어떤 사람이 중대한 일이 닥쳤을 때 도움이 될까? 당연히 그 방면의 지식이라든가 경험이 큰 비중을 차지하지만, 단순히 그것만으로는 부족하다. 그런 것과 함께, 어떤 상황에서든 필요하다면 목숨을 건다고나 할까 뜻대로 일이 진행되지 않으면 죽음으로 책임지겠다는 마음가짐으로 임하는 사람이 진정으로 중대한 일에 도움이 되는 사람이지 않을까?

예전에 어떤 책에서 이런 이야기를 읽은 적이 있다. 일본의 부흥기였던 메이지 시대의 이야기인데, 당시 메이지 정부의 장관이 어떤 일이 제대로 진행되지 않게 된 것에 책임을 지고 사퇴하는 일이 잇따랐다. 그러자 메이지 덴노가 "그대들은 사퇴하면 그것으로 끝이지만, 나는 어찌해야 한단 말인가? 나는 사퇴할 수가 없지 않은가?"라고 말했다는 것이다.

나는 이 말을 결국 메이지 덴노가 죽음을 초월해서 일했다는 의미로 이해했다.

모두 알다시피 일본은 전철도 전화도 아무것도 없는, 문명적으로도 빈약한 상태에서 출발해 메이지 시대가 시작된 이래 불과 45년 사이에 세계 5대 강국이 되었다. 그런 근대국가로서의 기틀을 쌓는 획기적인 부흥을 실현할 수 있었던 것도 메이지 덴노 같은 이른바 대장부 정신에 선 지도자를 얻었던 것이 커다란 요인이지 않았을까?

그렇게까지 철저히 하기는 굉장히 어렵지만, 간부 사원이라면 중대한 상황에 직면했을 때 그것에 용감히 맞설 수 있는 마음가짐을 평소에 키워 놓아야 할 것이다.

어떤 고민 속에도
삶의 경지가 있다

●

한 부문의 책임자 혹은 한 회사의 간부로서 일하다 보면 여러 가지 문제가 끊임없이 일어난다. 외부에서 보면 부문이나 회사가 굉장히 순조롭게 운영되고 있는 듯이 보이더라도 그 책임자의 마음속에서는 '이 문제에도 빨리 대책을 세워야 하고, 저 문제에도 빨리 손을 써야 하고…' 같은 고민이 소용돌이치고 있다. 때로는 그 문제들이 신경 쓰여서 밥맛도 없고 잠도 제대로 이루지 못하는 경우도 있다. 그렇다 보니 당연히 '어떻게든 모든 문제를 잘 해결해서

편안한 마음으로 일하고 싶어' 하고 바라는 사람이 많을 것이다.

하지만 이른바 그런 절대 안심의 경지는 사실 절대 불가능하며, 따라서 결국 우리가 할 수 있는 것은 그런 절대 안심의 경지를 목표로 최선의 노력을 거듭하는 것뿐이 아닐까?

내가 경영자로서 걸어온 길을 되돌아봐도 늘 이것은 전쟁이고 경쟁이라는 의식이 발동하고 있었으며, 한발만 잘못 내디뎌도 큰일 난다는 일종의 위협을 느끼면서 하루하루를 살았다. 그래서 '이래서는 안 돼. 이것도 해야 하고, 저것도 해야 하고…' 같은 걱정이 끊이지 않았고, 솔직히 말하면 단 하루도 마음 편하게 살아 본 적이 없었다.

하지만 생각해 보면 사업을 하는 이상은 그런 모습이 당연하며, 그런 걱정을 거듭해 왔기에 오늘날까지 어떻게든 나름의 성과를 올리면서 사업을 계속할 수 있었지 않나 싶다.

이것은 한 나라의 운영에서도 볼 수 있는 모습일 것이다. 각 나라를 운영하는 사람들은, 끊임없이 그 나라의 존립을 좌우하는 위협을 적지 않게 느끼면서 어떻게든 더 큰 발전을 실현하고자 노력해 왔을 것이다. 그럼에도 그 나라의 처지나 지위는 시시각각으로 변화한다. 실제로 제2차세계대전 이후 오랫동안 자타가 공인하는 세계의 리더였던 미국도 최근에는 이런저런 측면에서 위신이 저하되는 모습이 보이고 있다. 한 나라의 운영을 맡고 있는 사람이라면 각자 나라를 대표하는 훌륭한 사람들이라고 말할 수 있겠지만, 그런 사람들이 열심히 노력하고 있는 나라들 사이에서도 그 정도의 변화와 성쇠가 드러나는 것이다.

하물며 우리의 회사나 부서, 혹은 개개인의 경우는 나라 이상으로 심한 변화가 있는 게 당연하다고 말할 수 있다. 그러므로 걱정 없이 모든 일이 잘 풀리는 경우는 없는 것이 본래의 모습이며, 따라서 오히려 이것저것 고민하고 걱정해야 하는 것이다.

이것은 괴롭다면 괴롭고, 힘들다면 힘든 일이다. 하지만 어떤 걱정과 고민 속에도 삶의 경지라는 것은 있다. 즉, 먼저 '간부 사원이라면 고민이나 불만이 많은 것이 당연해. 그것이 싫다면 그 자리에서 물러나면 돼'라고 각오한다. 이어서 '그런 걱정과 고민이 있기에 우리는 공부를 하며, 그것이 자극이 되어서 새로운 고안을 해 내고 뛰어난 제품을 만들어 낼 수 있는 것'이라 여기며 걱정과 고민을 극복하는 것이다. 이것이 바로 간부 사원으로 일하는 기쁨, 나아가 삶의 보람을 찾아내는 자세가 아닐까.

어떤 문제든
더 나은 방법이 있다

•

회사의 경영과 관련해, 현재 제조와 기술, 판매 등 각 방면에서 여러 가지 진일보한 방식이 탄생하고 있다. 그 발전상은 눈이 부실 정도이지만, 생각해 보면 이것은 현시점에서의 발전이다. 만약 100년 후라면 어떻게 될까? 100년 후 사람들은 현재 우리가 실천하고 있는 방식을 보고 "저 시대에는 저런 쓸데없는 짓을 하고 있었네"라며 비웃을지도 모른다. 나는 세상이 그만큼 진일보할 것이라고 생각한다.

지금은 불가능하다고 생각하는 것이 100년 후에는 대

부분 가능해질 것이다. 그리고 또 다른 더 큰 문제가 생길 것이다. 그 결과, 인류가 존재하는 한 숨겨진 새로운 방법이 무한히 발견될 것이다. 그 무한히 많은 방법을 하나하나 찾아서 풀어 나가는 것이 산업인의 커다란 사명이며 역할임을 특히 책임자의 위치에 있는 사람은 늘 자각하고 있어야 하지 않을까?

그런 자각을 바탕으로 강한 신념을 품는다면 비록 스스로는 상당히 고심하고 있더라도, 주위에서 보기에는 순조로운 사업적 성공을 거둘 수 있지 않을까?

다만 이때 중요한 일은 어떤 어려운 문제든 더 나은 방법이 있다는 자각과 신념을 바탕으로 "어떤 일이든 하면 된다"라고 사원들에게 강하게 호소하는 것이다.

어떤 일이든 책임자가 할 수 없다고 생각하면 할 수 있는 일도 할 수 없게 된다. 하지만 책임자가 '이건 반드시 할 수 있어'라는 생각을 갖고 열 명이면 열 명의 부하를 모아 놓고 "이것을 이런 방법으로 해 보고 싶네. 다들 해 주지 않겠나? 나는 할 수 있다고 생각하니까, 자네들도 꼭 최선을 다해 주기를 바라네. 자네들이 협력해 준다면 내가 선두에 서겠네"라고 강하게 호소한다면 부하들도 '열심히 해 보자!'라는 마음이 되어서, 결국 일이 실현되게 된다.

물론 이 경우 지향하는 목표가 이치에 맞는 것, 도리에 맞는 것이어야 하지만, 그런 것이라면 하나부터 열까지 전부 예상대로 진행하기는 어렵다고 해도 거의 예상에 가까운 상태는 반드시 만들어 낼 수 있을 것이다. 나 또한 지금까지 그런 방식으로 일해 왔는데, 책임자의 그런 요청과 호소가 있으면 직원 모두의 지혜가 모여서 새로운 것이 발견되고, 그 결과 더욱 새롭고 좋은 제조법과 기술, 판매 방식, 혹은 경영 방식이 만들어졌다.

그런 의미에서 책임자는 결코 소극적, 비관적이 되지 말아야 한다. '실패할지도 몰라'라든지 '아마도 안 될 거야'가 아니라 '반드시 할 수 있어', '설령 넘어지더라도 그곳에서 구르고 있는 것을 붙잡아서 다시 도전하자'라는 적극성과 근성을 가져야 한다. 이것이 책임자의 절대적인 요건 중 하나라고 말할 수 있다.

일을 좋아하는 사람만이
일의 참맛을 안다

●

신입 사원부터 간부 사원까지, 내가 경험을 통해서 나름대로 중요하다고 생각한 마음가짐에 관해 이것저것 이야기해 보았다. 마지막으로 모든 사원에게 공통되면서 지금까지 이야기해 온 다양한 마음가짐을 실천할 원동력이 될 만한 것을 언급하고자 한다.

 그렇게 특별한 것은 아니다. 오히려 지극히 평범해서 '뭐야, 그런 거였어?'라는 생각이 들지 않을까 싶은데, 한마디로 말하면 자신이 하는 일을 진심으로 좋아하라는 것이다.

일이라는 것은 '회사에서 시켰고 나는 직원이니까 해야 해'라는 마음가짐으로 해서는 절대 좋은 성과를 낼 수 없다. 일을 진행하는 과정에서 주위 사람들이 볼 때 '힘들고 안타까운' 처지에 처할 때도 종종 있을 것이다. 일로 이것저것 신경이 쓰여 밤잠을 이루지 못해 아내가 걱정하는 일도 있을지 모르며, 친구에게 "너, 괜찮은 거야? 너무 힘들어 보이는데. 대체 무슨 일이야?"라는 말을 듣기도 할 것이다.

하지만 주위 사람들의 눈에 그렇게 보이더라도 스스로는 조금도 고통스럽지 않다, 일에 관해서 생각하는 것이 견딜 수 없이 재미있다고 생각할 수 있느냐는 것이다.

회사원으로서 생활하다 보면, 특히 책임 있는 자리에 올라 많은 부하를 두고 일하게 되면 그중에는 자기 생각대로 움직여 주지 않는 부하도 있을 것이다. 일일이 따지고 드는 사람도 있을 것이고, 오해하는 사람도 있을 것이며, 자신의 뜻을 있는 그대로 이해해 주지 않는 경우도 생길 것이다. 그럴 때 인간이라면 누구나 때로는 '못 해 먹겠

군', '미치겠어', '짜증 나'라고 생각한다.

하지만 그렇게 생각하면서도 다른 한편으로는 '어떻게든 오해를 풀어서 저 사람들을 훌륭히 성장시키고, 내게 협력하도록 만들자'라고 마음을 고쳐먹으며 자신을 다독여야 한다. 안 그러면 일의 성공은 기대할 수 없다. 그리고 그렇게 마음을 고쳐먹을 수 있는지, 기분을 전환할 수 있는지는 그 사람이 일을 좋아하느냐에 달려 있다.

좋아한다면 그런 작업을 그다지 힘들지 않게 해낼 수 있다. 일시적으로는 '짜증 나네. 못 해 먹겠어'라고 생각하다가도 곧이어 '이런 상황을 극복해 내는 게 재미지'하고 오히려 용기가 샘솟게 된다. 하지만 일을 싫어한다면 그렇게 되지 않는다. 일을 싫어하는 사람은 그 괴로움이 쌓여서 점점 머리가 아파진다. 그리고 '이 일에서 도망치고 싶어'라고 생각하게 된다. 이래서는 자신이 맡은 일을 해낼 수 없다.

이것은 회사 업무에 국한된 이야기가 아니다. 예술가도 마찬가지다. 그림을 그리는 것을 좋아해야 화가가 될 수 있으며, 싫어하는 사람은 아무리 공부한들 화가가 되지 못한다. 그림 그리기를 좋아하는 사람 중에서도 뛰어난 화가가 될 수 있는 사람은 극소수뿐인데, 하물며 그림 그리기를 좋아하지도 않는 사람이 뛰어난 화가가 되는 건 불가능하지 않을까?

회사 생활을 할 때는 뭐니 뭐니 해도 일이나 경영의 요령을 파악하는 것이 중요하다. 요령을 파악하지 않으면 아무리 열심히 일해도 일한 것에 비해 얻는 성과가 적을 수밖에 없다. 그리고 그 일이나 경영의 비결이라는 것은 다른 사람에게 배워서 얻는 것이 아니라 스스로 터득해야 한다.

물론 다른 사람에게 배우는 것도 참고는 되겠지만, 결국은 자신이 실제로 현장에서 일하며 경험을 거듭하는 가운데 스스로 깨달아야 한다. 그 과정에서 선배에게 질책을 받기도 하고 들들 볶이기도 하겠지만, 그렇게 회사에서 시달리는 사이에 그 요령을 자기 나름대로 터득할 수 있는 것이다.

하지만 이것도 역시 그 사람이 일을 좋아해야 가능하다. 일이 싫어서 억지로 한다면 괴로움이나 불만만 남을 뿐 요령은 파악하지 못한다. 나는 일도 인간도 대체로 그런 존재가 아닐까 생각한다.

그렇게 생각해 보면, 사원의 마음가짐으로서 중요한 것은 여러 가지 있지만 그 기본은 역시 자기 일을 좋아하는 것이 아닐까 싶다.

그러므로 자신이 지금 하고 있는 일을 좋아하는지 아닌지 끊임없이 자문자답하면서 일이 좋아지도록 노력하길 바란다. "지금까지 힘들다는 말을 수없이 해 왔지만, 곰곰이 생각해 보면 일이라는 건 참 재미있어. 내가 어떻게 일을 진행하느냐에 따라서 주위 사람들이 일할 맛이 나도록 만들고, 그 사람들의 장점을 끌어낼 수도 있거든. 그래서 언제나 흥미진진해"하고 말할 수 있게 되었으면 한다.

그리고 여흥을 완전히 그만둘 필요는 없지만, 가령 세 번을 두 번으로 줄이고 일에서 삶의 참맛을 볼 수 있게 된다면 그 사람은 회사원으로서 반드시 성공할 것이며 일을 통해서 크게 구원받게 될 것이다. 나는 이렇게 생각하는데, 여러분의 생각은 어떠한가?

저자 연보

마쓰시타 고노스케松下幸之助는 누구인가

파나소닉(구 마쓰시타전기산업) 그룹의 창시자이자 PHP 연구소의 창설자. 1894년에 와카야마 현에서 태어났으며, 9세에 홀로 오사카로 떠나 화로 가게와 자전거 가게에서 사환으로 일한 뒤 오사카전등(현재의 간사이전력)에서 근무했다. 1918년에 23세의 나이로 마쓰시타전기기구제작소(1935년에 마쓰시타전기산업으로 명칭을 변경)를 창업했다. 1946년에는 'Peace and Happiness through Prosperity(번영을 통해 평화와 행복을)'이라는 슬로건을 내걸고 PHP 연구소를 창설했다. 1979년에 21세기를 짊어질 지도자 육성을 목표로 마쓰시타정경숙을 설립했다. 1989년에 향년 94세로 타계했다.

1894년	11월 27일 와카야마 현 가이소 군 와사 촌 센단노키(현재의 와카야마 시 네기)에서 마쓰시타 마사쿠스와 도쿠에의 삼남으로 출생
1899년(4세)	부친의 쌀 선물거래 실패로 와카야마 시내로 이주
1904년(9세)	진조 초등학교 4학년 때 중퇴, 홀로 오사카로 떠나 미야타화로점에 사환으로 취직

1905년(10세)	고다이자전거상회에 사환으로 취직
1906년(11세)	부친 병으로 사망
1910년(15세)	㈜오사카전등에 내선계 견습공으로 입사
1911년(16세)	내선계 견습공에서 최연소 공장 책임자로 승진
1913년(18세)	모친 병으로 사망
1915년(20세)	이우에 무메노(19세)와 결혼
1917년(22세)	공장 담당자에서 최연소 검사원으로 승진, ㈜오사카전등을 퇴사, 오사카 이카이노에서 소켓 제조 판매에 착수
1918년(23세)	3월 7일 오사카 시 기타 구 니시노다오히라키 정(현재의 후쿠시마 구 오히라키)에 마쓰시타전기기구제작소를 개설, 어태치먼트 램프, 이등용二灯用 플러그 제조·판매를 개시
1923년(28세)	포탄형 배터리식 자전거 램프를 고안, 발매
1925년(30세)	연합구회 의원 선거에 후보로 추대되어, 2등으로 당선
1927년(32세)	각형 램프에 최초로 '내셔널' 상표를 붙여서 발매
1929년(34세)	마쓰시타전기제작소로 개명. 강령과 신조를 제정하고 마쓰시타전기의 기본 방침을 명시, 세계공황이 발생했지만, 반나절 근무, 생산 반감, 급여 전액 지급을 실행해 직원 해고 없이 불황을 극복
1931년(36세)	라디오 수신기가 NHK 도쿄의 라디오 세트 콩쿠르에서 1등 차지, 건전지의 자사 생산을 개시
1932년(37세)	창립 기념일을 5월 5일로 제정하고 제1회 창립 기념식을 거행해 산업인의 사명을 천명하고 이 해를 메이치命知 원년으로 삼음
1933년(38세)	사업부제를 실시, 조회朝會·석회夕會를 전 사업소에서 개시, 오사카 부 기타카와치 군 가도마 촌(현재의 가도마 시)으로 본점을 옮김, '마쓰시타전기가 지켜야 할 다섯 정신'(1945년에 일곱 정신이 됨)을 제정
1934년(39세)	마쓰시타전기 점원 양성소를 개교하고 소장으로 취임

1935년(40세)	마쓰시타전기제작소를 주식회사 조직으로 만들어 (주)마쓰시타전기산업을 설립. 동시에 기존의 사업부제를 분사제로 바꾸고 9개 분사를 설립
1940년(45세)	제1회 경영 방침 발표회를 개최(이후 매년 개최됨)
1943년(48세)	군의 요청으로 (주)마쓰시타조선, (주)마쓰시타비행기를 설립
1945년(50세)	제2차세계대전에서 일본 패전. 그 이튿날, 간부 사원을 모아 평화산업으로 복귀를 통해 일본을 재건하자고 호소, 8월 20일에 '마쓰시타전기의 모든 종업원에게 고함' 특별 훈시를 실시, 난국에 대처할 각오를 밝힘
1946년(51세)	마쓰시타전기와 마쓰시타 고노스케가 GHQ로부터 재벌 가족 지정, 공직 추방 지정 등 일곱 가지 제한을 받음(1946년 3월~1948년 2월), 전국 대리점, 마쓰시타산업노동조합이 공직 추방 제외 탄원 운동 전개, 11월 3일, PHP 연구소를 창설하고 소장으로 취임
1949년(54세)	기업 재건 합리화를 위해 처음으로 희망퇴직 실시, 부채가 10억 엔이 되어, 세금 체납 왕으로 보도됨
1950년(55세)	모든 제한이 해제됨에 따라 상황이 호전되고, 경영도 위기를 벗어나 긴급 경영 방침 발표회에서 "폭풍이 휘몰아치는 가운데 마쓰시타전기가 드디어 일어섰다"라고 경영 재건을 선언
1951년(56세)	연초 경영 방침 발표회에서 "'마쓰시타전기는 오늘부터 다시 개업한다'라는 마음가짐으로 경영에 임하고 싶다"라고 호소, 두 번에 걸쳐 서양 시찰 실시
1952년(57세)	유럽을 방문해, 네덜란드의 필립스사와 기술제휴를 체결
1961년(66세)	(주)마쓰시타전기산업의 사장에서 물러나 회장으로 취임
1962년(67세)	『타임』지의 커버스토리를 통해 전 세계에 소개됨
1964년(69세)	아타미에서 전국 판매 회사 대리점 사장 간담회를 개최
1968년(73세)	마쓰시타전기 창업 50주년 기념식을 거행

1972년(77세)	『인간을 생각하다-새로운 인간관의 제창人間を考える: 新しい人間観の提唱』을 간행
1973년(78세)	㈜마쓰시타전기산업 회장에서 물러나 상담역으로 취임
1979년(84세)	(재)마쓰시타정경숙을 설립하고 이사장 겸 숙장으로 취임
1981년(86세)	훈1등 욱일대수장을 받음
1982년(87세)	(재)오사카21세기협회 회장으로 취임
1983년(88세)	(재)국제과학기술재단을 설립하고 회장으로 취임
1987년(92세)	훈1등 욱일동화대수장을 수장
1988년(93세)	(재)마쓰시타국제재단을 설립하고 회장으로 취임
1989년(94세)	4월 27일 오전 10시 6분에 타계

마쓰시타 고노스케는 종종 자신의 뜻을 담은 서예 작품을 관계자들에게 선물하곤 했다(1975년 신년을 맞아 오사카 부 가도마 시의 마쓰시타전기 본사에서 새해 첫 서예에 임하는 모습).

저자 연보

마스터스 "경영의 정수를 담다"
마스터스Masters는 시대를 초월하는 경영 원칙과 철학, 거장들의 전략을 전하는 책을 펴냅니다.

마스터스 06

마쓰시타 고노스케 어떻게 살 것인가

1판 1쇄 인쇄 2025년 10월 14일
1판 1쇄 발행 2025년 11월 05일

지은이 마쓰시타 고노스케
옮긴이 김정환
펴낸이 김영곤
펴낸곳 (주)북이십일 21세기북스

정보개발팀장 이리현 **정보개발팀** 이수정 현미나 이지윤 양지원
교정 교열 박지석 **표지 본문 디자인** 푸른나무디자인
마케팅 김설아
영업팀 정지은 한충희 장철용 강경남 황성진 김도연
해외기획실 최연순 소은선 홍희정
제작팀 이영민 권경민

출판등록 2000년 5월 6일 제406-2003-061호
주소 (10881) 경기도 파주시 회동길 201(문발동)
대표전화 031-955-2100 **팩스** 031-955-2151 **이메일** book21@book21.co.kr

ⓒ 마쓰시타 고노스케, 2025
ISBN 979-11-7357-507-5 03320
KI신서 13797

(주)북이십일 경계를 허무는 콘텐츠 리더

21세기북스 채널에서 도서 정보와 다양한 영상자료, 이벤트를 만나세요!
페이스북 facebook.com/21cbooks 블로그 blog.naver.com/21c_editors
인스타그램 instagram.com/jiinpill21 홈페이지 www.book21.com
유튜브 youtube.com/book21pub

책값은 뒤표지에 있습니다.
이 책 내용의 일부 또는 전부를 재사용하려면 반드시 (주)북이십일의 동의를 얻어야 합니다.
잘못 만들어진 책은 구입하신 서점에서 교환해드립니다.

불확실성이 팽배한 시대를 살아가는 모든 이에게
'경영의 신'이 전하는 백만금의 지혜

마쓰시타 고노스케 컬렉션

누적 600만 부 판매된 60년 초장기 베스트셀러!
마쓰시타 경영의 근간을 담고 있는 마쓰시타 사상의 원전(原典)

경영의 신이 운명을 개척해온 영원불멸의 원칙
마쓰시타 고노스케 길을 열다

마쓰시타 고노스케 지음, 김정환 옮김 | 320쪽 | 각양장 | 값 22,800원

만 90세를 앞두고 정리한 일터와 삶에서 얻은 81년간의 지혜
기회가 있을 때마다 자기 자신과 직원들에게 들려주었던 조언들

경영의 신이 일평생 지켜온 삶의 자세
마쓰시타 고노스케 어떻게 살 것인가

마쓰시타 고노스케 지음, 김정환 옮김 | 272쪽 | 각양장 | 값 21,800원

마쓰시타 고노스케 경영철학의 정수!
실제 경험에서 비롯된 구체적인 통찰이 담긴 '살아 있는 경영 교과서'

경영의 신이 들려주는 경영의 기본과 원칙
마쓰시타 고노스케 경영이란 무엇인가

마쓰시타 고노스케 지음, 오태헌 옮김 | 576쪽 | 각양장 | 값 29,800원